汉译世界学术名著丛书

回　顾

——公元2000—1887年

〔美〕爱德华·贝拉米 著

林天斗 张自谋 译

2017年·北京

Edward Bellamy
LOOKING BACKWARD
2000—1887
Boston and New York
Houghton Mifflin Company
1896
根据霍顿·米夫林公司版本译出

汉译世界学术名著丛书
（120年纪念版·珍藏本）
出 版 说 明

2017年2月11日，商务印书馆迎来120岁的生日。120年前，商务印书馆前贤怀揣文化救国的理想，抱持“昌明教育，开启民智”的使命，立足本土，放眼寰宇，以出版为津梁，沟通中西，为中国、为世界提供最富智慧的思想文化成果。无论世事白云苍狗，潮流左右激荡，甚至战火硝烟弥漫，始终践行学术报国之志，无改初心。

迻译世界各国学术名著，即其一端。早在20世纪初年便出版《原富》《天演论》等影响至今的代表性著作，1950年代后更致力于外国哲学和社会科学经典的译介，及至1980年代，辑为“汉译世界学术名著丛书”，汇涓为流，蔚为大观。丛书自1981年开始出版，历时三十余年，迄今已推出七百种，是我国现代出版史上规模最大、最为重要的学术翻译工程。

丛书所选之书，立场观点不囿于一派，学科领域不限于一门，皆为文明开启以来，各时代、各国家、各民族的思想与文化精粹，代表着人类已经到达过的精神境界。丛书系统译介世界学术经典，引领时代思想，为本土原创学术的发展提供丰富的文化滋养，为推动中国现代学术和现代化进程做出了突出的贡献。

为纪念商务印书馆成立120周年，我们整体推出“汉译世界学术名著丛书”120年纪念版的珍藏本，寄望既利于文化积累，又便于研读查考，同时向长期支持丛书出版的译者、编者和读者致以敬意。

两甲子后的今天，商务印书馆又站在了一个新的历史时间节点上。我们不仅要铭记先辈的身影和足迹，更须让我们的步伐充满新的时代精神。这是商务人代代相传的事业，更是与国家和民族的命运始终紧密相连的事业。我们责无旁贷，必须做好我们这代人的传承与创造，让我们的努力和成果不仅凝聚成民族文化的记忆，还能成为后来人可以接续的事业。唯此，才能不负前贤，无愧来者。

商务印书馆编辑部

2017年10月

序　言

1888年，美国作家爱德华·贝拉米出版了社会空想改良主义长篇小说《回顾——公元2000—1887年》。这本书出版后曾经风行一时，在美、英各地销售一百万册以上，并被译成德、法、俄、意、阿拉伯、保加利亚等国文字。

《回顾》一书的主要内容是：作者从幻想的波士顿城一百年的"惊人变化"，叙述想象中二十世纪的美国新的社会、生产制度。贝拉米在这部作品中暴露了资本主义社会制度的各种矛盾和弊病，提出了空想改良主义的经济、政治主张。

爱德华·贝拉米写作《回顾》一书，正是美国资本主义经济蓬勃发展的时期。美国与欧洲的资本主义国家一样，在十九世纪七十年代以后，开始从资本主义自由竞争向帝国主义垄断阶段过渡。到了八、九十年代，各种垄断组织遍及所有工业企业部门，成为垄断资本高度发展的国家。

随着生产力的猛烈发展和资本的高度集中，资本主义固有的各种矛盾也日益尖锐化起来。1873年和1883年，美国发生两次经济危机，造成生产缩减和萧条，数以万计的中、小企业在垄断资本的排挤、打击下纷纷破产，失业工人迅速扩大到数百万之多。八十年代，美国已成为贫富两端极为悬殊的国家。占人口百分之十左右的富豪掌握了百分之七、八十以上的社会财富。垄断资本向工人阶级和全体劳动者进行空前的压榨。这时，资本主义企业中普遍实行劳动血汗制度，绝大多数工人每日劳动时间在十小时以上，有的竟高达十五小时。资产阶级利用大量失业工人的存在，数次降低在业工人工资，并且操纵市场，不断提高工业消费品出售价格，使广大工人、农民收入水平显著下降，生活日益贫困。

《回顾》一开始就向读者揭露这座富人的天堂和劳动人民的人间地狱，作者把资本主义的美国社会形象地比做一辆巨大的车子，广大劳动群众在一条坎坷不平的道路上艰苦地拉着逍遥自在的乘客。拉车人在无情的饥饿的鞭策下，跌跌撞撞、痛苦呻吟，景象凄惨，而富有阶级却自命高人一等，理应在乘车人之列。贝拉米抨击资产阶级依靠资本投资剥削工人，作为"永续的赋税"，利用失业者的穷困和"不得已"，迫使别人为自己服务。他揭露了资本主义社会的不平等——劳动者担负全部沉重的担子，忍饥挨饿；富有的阶级游手好闲，却过着奢侈铺张的生活，一个个肠肥脑满、珠光宝气。贝拉米指出，垄断资本产生以后，"造成贫富之间更大的悬殊"，他说，资本集中比"任何暴政更为可怕"，大公司为人们"准备了一种人类有史以来最下贱的奴役的枷锁"，使人类遭遇到了"更为卑贱、更为可怕的命运"。作者在小说结束之前真实地报道了城市贫民窟的"地狱"生活。他指出，资本主义剥削制度是极不公平、极不人道的。

贝拉米说，私人资本占有制度在经济上也是"荒唐"的，这种制度由于私人生产的盲目性和经营失当，由于相互间的竞争，由于生产"过剩"造成的商业危机，以及资金、劳动力不能充分使用，在经济上造成巨大的浪费，阻碍了生产的发展。他说，整个资本主义生产领域是一个“辽阔的战场”，那里进行着“真正的战争”，作坊和车间是“无数个堡垒”，作业主都把同行看作应该打倒、扼杀的敌人。作者指出，在资本主义世界，人人背后有一个“人世无常”的幽灵，大公司并吞小公司之后，垄断组织之间还要进行规模更大的火并，直到最大的垄断资本联合起来，再转向垄断市场，任意抬高价格，向社会大众战斗，使人民“处于饥饿的边缘”。贝拉米目睹资本主义经济危机造成生产停顿、企业倒闭、工人失业等后果，他断定，在资本主义商品生产的条件下，危机像“旱灾和飓风那样，是没有办法加以防止或控制的”。

贝拉米意识到私人资本占有制度是一切社会灾难的根源，他从人道主义观点出发，要求改变这个“野蛮的”、“不道德的”生产制度，实现合乎人类“理性”的、“真正自由、平等、博爱”的社会。但是，贝拉米已不可能简单地重复早已在人们心目中破产了的、启蒙学者“理性王国”的诺言。在他写作本书的八十年代，社会主义思想和著作正在欧、美两洲广泛传播，贝拉米显然受了社会主义思想的某些启发，他通过小说主人公朱利安·韦斯特长眠一百多年后的传奇式游历，描绘了一个生产资料公有制的理想社会方案，这个方案基本上是以当时德国工人运动领袖倍倍尔所著《妇女与社会主义》一书为蓝本的。

贝拉米认为首要的问题是实现工商业国有化，由国家接替一切私人企业，成为唯一的资本所有者。在贝拉米的理想社会方案中，整个国民经济分归十大生产部门，由国家统一领导管理，按照人民的消费需要，进行有计划的生产。贝拉米设想，由于生产不再归私人经营，二十世纪的美国将取消商店、银行、货币，由国家货栈直接分配产品代替商品交易，居民可以通过城乡方便的分配网，领取自己需要的生活资料。他写道，产品应由全体人民共同享受，所以新的分配制度不计劳动贡献多少，完全按照平均主义原则，使所有社会成员能够得到相等的分配数额。新社会还为居民建立公共食堂、公共洗衣店，使妇女从家务劳动中解放出来，与男人一同参加生产大军，实现真正的男女平等。贝拉米说，体力劳动应该作为人们必不可少的义务，但是他认为体力劳动"并不是最重要、最有趣或最高贵的"，他说只有脑力劳动"才是人生的真正含义"，这一点反映了作者固有的思想偏见。

贝拉米还描写了幻想世界中的政治制度。他设想未来的国家行政机构与生产管理系统是统一的，十大生产部门以及各部门所属行业的负责人，也都是代表国家的官吏。他说，未来政府和官吏的主要职能是指挥生产大军，监督生产。公务人员都是廉洁奉公的"人民的总管和仆人"。一切军队和监狱将被取消，只保留为数极少的警察和法官。贝拉米主张在各大洲实现上述经济、政治改革后，建立全球性的自由联邦同盟，最后逐步过渡为一个全世界单一的国家。那时，全人类将不再有贫富的差别，也没有压迫者和被压迫者，而共同进入一个更高的发展阶段。

尽管贝拉米振振有词地宣布，旧社会正在预示着本身的灭亡，新世纪的曙光已在眼前，但是人们不难断定，这个玄想的方案仍然是一个十足的乌托邦。贝拉米离开了阶级和阶级斗争的观点，因此，他不能正确地认识现实社会，也不能正确地、科学地展望通向未来的道路。

贝拉米以超阶级的人性论作为观察分析社会问题的基本出发

点。他在本书中离开人的阶级性，抽象地论证所谓人的本性是善的，他说，人生来都是“慷慨的”而不是“自私的”，是“慈悲的”而不是“残忍的”。只是由于旧社会生活条件的长期压力，才使人性堕落的倾向掩盖了人性优良的倾向。贝拉米对阶级社会中经济、政治地位根本不同的各个阶级的本性和行为不加区别和分析，他把资产阶级的剥削、投机、舞弊行为和劳动人民在饥饿、死亡战线上争取生存权利的斗争混为一谈，统统称之为“肮脏的战斗”和“人性的堕落”，同时又直接为资产阶级的剥削行为辩解。他说，在私有制社会中，人为了生存，为了养育子女，只能被迫进行欺骗、榨取、排挤、虐待工人、剥削债务人，从软弱的竞争者嘴里夺取食物等等，除此之外，“不可能有其他的选择余地”。根据这些混淆是非、颠倒黑白的推论，贝拉米进一步把阶级社会的种种罪恶与剥削统治阶级分割开来，他写道：“人类的遭遇之所以如此不幸，不能归罪于个人，也不能归罪于任何一个阶级，而是由于一种令人痛心的错误……是人类的一种严重过失。”这些说法显然都是在极力模糊阶级界线，为资产阶级开脱罪责。

在贝拉米看来，社会主义代替资本主义制度不是依靠无产阶级推翻资产阶级的阶级斗争，而是依靠所谓“人类健全理智获得胜利”。他说，这一伟大变革只能采取辩论的方式，不需要革命和任何暴力行动，不需要牺牲一个人，只要等到社会公众舆论成熟，就可以由国家接收私人垄断公司的财产，和平过渡到社会主义。

贝拉米说，社会主义不是仅仅为了被剥削、被压迫阶级的利益，而是为了富有的、贫穷的、所有社会阶级的共同利益，只有代表所有阶级利益的政党才能担负建立新社会的任务。贝拉米在本书中攻击工人阶级政党的阶级基础“太狭窄”，不能实现所谓“全国性”的目标，他甚至恶毒地攻击工人阶级政党存在一天，就只能对社会改革起“阻碍作用”。

《回顾》一书出版后，曾经吸引了一部分信徒，他们在美国许多城市中成立了“工业国有化运动俱乐部”，从城市中产阶级中征集会员，要求通过“有理性的和平手段”，实现生产和分配国有化，这些活动与美国工人运动没有联系，只不过是一群资产阶级文人的改良主义思潮。

贝拉米所写《回顾》一书与十九世纪四十年代以前欧洲空想社会主义者的一些著作有不少类似之处，但是两者所处的历史条件已经大不相同了。

十九世纪四十年代以前的空想社会主义思想是在资本主义生产方式尚不发达的情况下出现的，那时，无产阶级和资产阶级的斗争尚未充分展开，无产阶级还未作为独立的、未来社会革命的领导阶级走上政治斗争舞台。当时空想社会主义者在许多方面还是革命的。他们抨击着资本主义社会的全部基础，提供了启发工人阶级意识的宝贵材料。他们对未来社会所作的种种积极结论，对科学社会主义思想的形成有一定的贡献。空想社会主义者的那些玄想的未来社会的方案和离开阶级斗争的种种错误，是与当时不成熟的资本主义生产状况、不成熟的阶级关系相适应的。

从十九世纪四十年代开始，社会主义思想已经从空想发展为科学，马克思和恩格斯不仅揭露了资本主义生产方式的全部秘密，而且总结了工人阶级革命斗争的经验，指出在工人阶级政党领导下，进行无产阶级革命和建立无产阶级专政是工人阶级和全体劳动人民解放斗争的根本道路。四十年代以后，科学社会主义理论与各国工人运动结合起来，使国际无产阶级在斗争中组成了一支强大的战斗力量。到了七、八十年代，欧洲各资本主义国家的工人运动风起云涌，德、法、意、英和西欧一些小国，先后产生了社会主义工人党或工人政治团体，马克思主义已经战胜了各种机会主义流派，在各国得到广泛传播，各国社会主义者正在积极领导工人运动，准备迎接未来的革命战斗。

这一时期，美国工人运动也有蓬勃的发展。七十年代，美国的煤矿、纺织、铁路工人曾经举行多次罢工。1877 年成立了社会主义工党。八十年代，工人争取八小时工作制的罢工运动和示威游行此伏彼起，并在 1886 年 5 月 1 日达到了空前未有的高峰。正如恩格斯所说，当时美国工人运动“在这样短促的时间内以这样不可克服的力量开展起来，以野火燎原的速度蔓延开来，并从根动摇着美国社会”，不仅使美国统治阶级感到“惊恐”和使它们“陷入了张皇失措的绝境”[①]，而且简直把欧洲的统治者也“吓呆了”[②]。

贝拉米在欧、美各国工人运动强有力的斗争形势面前，已经预感到一次震撼资本主义制度的社会革命即将来临。他写道：“我们感到整个社会正在失去重心，有随波逐流的危险，谁也不知道它要漂到那儿去，不过大家都怕它触礁。”这一段话，恰好反映了当时美国一些资产阶级知识分子的苦闷和恐惧。贝拉米一方面对资本主

---

① 恩格斯：《英国工人阶级状况》英译本美国版序言，人民出版社 1956 年版，第 7—8 页。

② 《马克思、恩格斯给美国人的信》，人民出版社 1958 年版，第 194 页。

义制度的种种黑暗表示不满，一方面又害怕无产阶级推翻资产阶级的阶级斗争，于是他模仿、塑造了这样一个玄想的空中楼阁，极力宣扬全人类的和平进化，企图以此避免可能爆发的革命风暴，取消无产阶级争取社会主义前途的革命斗争。

马克思、恩格斯在《共产党宣言》一书中指出："批判的空想的社会主义和共产主义的意义，是与历史的发展进程成反比例的。阶级斗争愈发展和愈具有确定的形式，那么，这种幻想超出阶级斗争的意图，这种用幻想办法克服阶级斗争的态度，就愈失去任何实际意义和任何理论根据。所以，虽然这些体系的创始人在许多方面也曾经是革命的，但是他们的信徒却就总是组成一些反动的宗派。"[①]《回顾》一书戳穿了资产阶级吹嘘的所谓美国没有贫穷，没有阶级对立，美国是资本主义世界例外的"乐园"等等神话，这是积极的、可贵的。但是，贝拉米的空想社会主义主张不仅在理论上直接与马克思主义的立场、观点相背离，而且在实践上完全无视美国工人在1886年团结起来、共同斗争的伟大政治意义，对于当时美国工人阶级所面临的任务——遵照《共产党宣言》规定的基本原则，建立一个统一的、革命的、群众性的工人阶级政党，——只能产生消极的影响。

郭用宪

1963年6月

① 《马克思、恩格斯全集》第四卷，人民出版社1958年版，第501页。

目　　录

《回顾》作者的生平

"我们要求发挥出我们全部的力量，
我们人类的力量，从同一起点出发，
大家具备同样的行装。"

"但是一旦完全觉醒，每一只巨臂挥舞，
每一根筋肉绷紧，伟大的心脏急剧跳动，
他必然会猛然跃起，站立在自己的土地上，
他的漫长胜利的征途这才开始，
这才是他的诞生的时刻。"

—布朗宁—

这个伟大诗人的诗句表达了爱德华·贝拉米创作他的名著时所抱的目的。这个目的将促使那个赋予我们国家以生命的伟大宣言[①]在我们国家的日常生活中实现；并将在机会均等的条件下给予每人以立足之地，从而使他获得空前未有的惊人进步——这将是人类第一次能毫无阻碍地利用上帝所赐予的一切可能性。

自从美国年青一代作家中最富有才华的作家通过写作《回顾》

① 指1774年7月4日美国《独立宣言》。——译者

一书成为一个热情奔放的社会改革家以来，迄今已十二年了。他的作品对于他那个时代的运动注定要产生巨大的影响。他的特长以前在《海顿霍夫医生的治疗法》（“Doctor Heidenhof's Process”）、《拉丁顿小姐的妹妹》（“Miss Ludington's Sister”）这类传奇和许多短篇小说中已经露出锋芒，这些短篇小说具有优美丰富的想象力，主要的特色是对精神方面的题材作了富于独创性的发展。《盲人世界》（“The Blindman's World”）和《这可能落到谁的头上》（“To Whom This May Come”）这类故事，使过去二十年的杂志读者留下了永远难忘的印象。

《海顿霍夫医生的治疗法》发表后立即被认为是一篇显示非凡才能的心理研究作品。英国一个刊物指出：“其作者在智力方面是霍桑的直接继承人。”欣赏爱德华·贝拉米早期作品特有的那种独创性和不同凡响的风格的，在美国也不乏其人。在所有这些创作中，都有一种预示作者未来活动的强烈而突出的特色，这种特色就是对于人性内在的善良具有坚定的信念，对于真正的和广义的爱的含义有所领悟。《回顾》一书虽然表面上是一部传奇小说，然而却普遍被认为是采用小说体裁的一部伟大的经济论著。如果没有这种形式，本书不能得到像它业已获得的那种地位；这位才能卓越的小说家在创作中充分地运用了技巧，使本书娓娓动听，并对广大读者的想象力产生了重大的影响。将一个十九世纪的人物移到二十世纪末的那种匠心独具的手法，本书结尾描绘的梦境所具有的那种生动而富于戏剧性的特点，都足以证明这位经验丰富的小说家的艺术手腕使本书在传奇小说中独创一格。倘若当时社会接受本书的条件尚未成熟，则它也不会获得成功。材料原已具备；它们中间的星星之火便可燎原。本书出版不过十余年,而它帮助煽起的骚动却遍及全世界。它指导了经济思想的方向,确定了政治行动的方法。

爱德华·贝拉米诞生于 1850 年——几乎恰恰正当十九世纪的中叶,对于这个世纪的最后几年,他注定要产生十分显著的影响。他的家一直在故乡马萨诸塞州的契柯皮瀑布村庄(现已划入契柯皮城),而契柯皮城是以斯普临菲耳德为中心的市镇之一。他住在教会街的那幢房屋,长期以来是他父亲——当地一位受人爱戴的浸礼教会牧师——的住宅。他的先辈是牧师,这也许对他基本上的宗教本性产生了决定性的影响。他的外祖父本杰明·普特南牧师(Rev. Benjamin Putnam)是斯普临菲耳德早期牧师之一;而在他父祖辈中,则有康内提克特州伯利恒地方的约瑟夫·贝拉米博士。约瑟夫·贝拉米博士是革命时期一位著名的神学家,是乔纳森·爱德华兹(Jonathan Edwards)[①]的朋友和阿隆·伯尔(Aaron Burr)[②]的教师。然而他在成年以后,却摆脱了一切教派的束缚,但这种祖传的特点,却使他的社会观带有强烈反唯物论的唯心特色;一种伦理的目标主宰了他的思想。他认为单纯的物质繁荣不值得作为一种社会理想去奋斗。但他却认为物质福利的平等,是实现人类真正精神上的发展的必要条件。

年轻的贝拉米进了斯克内克塔迪地方的协和学院(Union

① 乔纳森·爱德华兹(1703—1758),美国著名神学家和心理学家,对美国的基督教思想曾有重大影响。——译者

② 阿隆·伯尔(1756—1836),美国政治领袖,曾任美国第三届副总统(1801—1805)。——译者

College)，但未毕业。留德一年后，学习法律，取得律师资格，但从未执业。文学事业对他具有更强烈的吸引力，而新闻事业似乎是从事文学工作更方便的门径。他最初从事新闻工作是在《纽约晚报》(“Evening Post”)担任编辑，后又转到斯普临菲耳德的《协和报》(“Union”)。除了漫游欧洲外，曾取道巴拿马运河前往夏威夷旅行，归途横过大陆，使他在地理方面对世界的阅历扩大了眼界。

值得一提的是，当他还是一个十几岁的少年时，他在当地中学所作的第一次公开演讲，就是专门发表社会改革的见解的，这预示着他后来的工作。当《回顾》一书问世后，当年轰动一时，有家报纸便指责贝拉米先生“沽名钓誉”。对于了解作者那种稳重克己、几乎是羞怯的性格的人们来说，再没有比这种指责更为荒谬的了。对于利用惊人的文学成就所带来的巨大号召力去发财致富的一切机会，他都不屑一顾。曾经有人邀请他作公开演讲，可以使他顿时发财；曾经有杂志编辑请他撰写文章或小说，表示对他提出的任何条件都可以接受；曾经有出版家劝诱他再写一本新著或乘此机会将他的短篇小说编辑出版，保证能够畅销——对所有这些，他都极其冷淡。在他准备就绪、着手第二部著作以前的一切公共活动，仅限于作两三次公开演讲，在杂志上发表几篇文章，有一个时期编辑他在波士顿创办的《新民族》(The New Nation)周刊。对于一切世俗的动机，他都无动于衷，好像他就是一个世纪以后的他那个新社会制度下的人民一样。通过他的作品，他结识了许多私人朋友，他们都认为他有可爱的性格；事实上，与他相识就会对他产生喜爱。他具有强烈的同情心。他的谈吐敏捷风趣，能对别人的暗示应答如流，并且因为亲切幽默，有时还很俏皮，显得生气勃勃。他

厌恶辩论，认为无益的讨论浪费精力，曾经戏谑地说，倘若有改革家住在他附近，他一定迁居。

《回顾》一书的主要特点，使它与一般《乌托邦》著作有所不同。这些特点表现在：它提出了一个全国性的产业组织的具体计划，主张所有的人对于劳动产品或公共收入都分配到相等的份额，理由就在于所有的人对大自然的财富如空气和饮水都是平等享受的；因为在个人对劳动生产所贡献的力量和他在劳动产品方面应享受的份额之间，根本无法根据不同的等级作出任何公平的比例。但本书只不过勾画出这种制度的轮廓，后来，经过一个继续研究思考的时期，许多论点需要进一步阐发。贝拉米先生将他一生的最后几年和最成熟的思想，用来阐述这种新秩序的经济上和伦理上的依据，他认为社会演变的自然进程将会产生这种新的秩序。

他最后的著作题名为《平等》（"Equality"）。这是一本比《回顾》更为精湛的著作，事实上是阐述书名平等问题的一部渊博的经济论著。这是著名的《回顾》一书的续集。它的主题思想在于认为美国独立宣言（具有美国真正宪法的特点）的不朽绪论，在逻辑上包含着普遍经济平等的完整声明，这种平等是集体的国家对其个别成员所保证的。"我们国家的基础是经济平等，难道这不是对于三种权利——生活、自由、幸福——所提出的明显的、必须的和唯一可靠的保证吗？没有物质基础的生活还成什么生活？除了对于生活的物质基础享有平等的权利以外，还有什么生活的平等权利？什么是自由？如果人们必须向他们的同胞要求劳动和生活的权利，必须从别人手里去找面包，他们怎么能够自由？任何一个政府，除了使人们在独立的地位上取得劳动和生活的条件外，还能用什么其他办法来保证他们的自由？除非政府掌握就业和生存所依赖的经济制度，还有什么办法实现这点？最后，一切人都有追求幸福的平等权利的含义是什么？既然幸福完全依靠物质条件，什么样的幸福是和经济条件没有关系的？除保证经济平等外，用什么方法才能保证一切人享有追求幸福的平等权利呢？

本书具有很多见解，充满发人深省的部分，并富于值得引证的章节，因而被提倡新的民主制度的人们当作援引论点的宝库。正如阅读《回顾》一书那样，富于人道主义精神和深思远虑的读者在放下《平等》一书而环顾周围世界时所产生的感情，同一个住在贫民区公寓的人在“乡间度过一周”以后，回到熟悉的环境，又闻到令人作呕的臭气，又听见喧闹杂乱的声音和永不休止的争吵时的感情相似。

但是写作《平等》一书，对于作者的体力和精力来说，是过分艰巨的任务。由于身体素不壮健，他终于病势沉重。巨大的精神力量顽强地支持了衰弱的体力，使本书得以写成，这是极其勇敢的事情。肺病，新英格兰传统的普遍疾病，突然发作起来了。1897年9月，贝拉米先生和他的家属前往丹佛，竭力想找到治疗的方法，虽然他并不抱有希望。

他的作品在西部曾产生普遍而又深远的影响，他在西部所受到的欢迎是使他最后一次感到非常愉快的事情。信件来自矿区、农场和乡村，人们都渴望替他服务，以表示对他的热爱。

上面已经提到贝拉米先生特有的那种罕见的谦虚，同时，他根本不愿接受任何私人和公众对他的赏识，也许由于这两种情况，他不知道自己已享有国际声誉。他的作品十年间在英美销售约一百万册，并曾译成德、法、俄、意、阿拉伯、保加利亚以及其他一些文字和方言。这样一位作者，尽管离家两千英里，也不会感到自己没有朋友。

当他在科罗拉多州受到了欢迎，他十分感动并且表示深切的谢意。他感到自己不久将要去世，因此在 1898 年 4 月离开了当地。

他曾经热望重新回到自己的老家。他回去住了一个月以后，于 5 月 22 日星期日早晨逝世，遗下妻子和两个小孩。

在当地举行简单葬仪时，他的亲属以及终生相交的朋友围绕着他的遗体，朗诵了从《回顾》和《平等》两书中摘出的下列几段话，以他自己的语言恰当地说明他崇高的一生的真诚愿望：希望人类进入更完美、更崇高的境界。

“在旧约里，蛇不是说过‘如果你吃下智慧树的果实，你一定会像神一样’吗？这种诺言在口头上是真实的，但显然这棵树有些毛病。也许这是一棵含有自私智慧的树，不然，就是果实还未成熟。这个故事是隐晦费解的。耶稣后来讲了同样的故事，告诉人说他们可以成为上帝的子孙。但他对于他所指点给他们的树，一点也没有弄错，而且果实也是成熟的。这是爱的果实，因为博爱是最崇高、最完整的智慧的种子和果实，又是因和果。通过无限的爱，人变成了神，因为这样，他感到自己和上帝结成一体，一切事物都在他脚下。‘如果我们互相友爱，上帝便在我们心中，他的爱在我们心中完成。’‘凡是爱他同胞的人，心中就有光明。’‘如果有人说我爱上帝，却仇视他的同胞，那么他就是一个骗子。’‘凡是不爱他同胞的人，永沦死亡。’‘上帝就是爱，人们心中有爱，也就有了上帝。’

‘凡是有爱人之心的人，会理解上帝。’‘凡是无爱人之心的人，不理解上帝。’

“耶稣关于开始过神的生活的条件的教义，精华就在这里。我们从这里面可以找到充分的解释，说明为什么当一种非人道的社会制度在人类与上帝之间筑了一堵墙的时候，在很久以前就被耶稣、后来又被其他圣徒所找到的启示，不能被一般人找到，并且为什么一旦这堵墙被推倒以后，启示便像阳光一样普照大地。

“‘如果我们互相友爱，上帝便在我们心中’，试看这些话是怎样通过人类最后找到上帝的途径而实现的！记住，这种途径不是直接地、有目的地或自觉地去追求上帝。人类在推翻旧社会而建立友爱的新社会时所表现的巨大热诚，基本上或思想上不是由于对上帝的热诚。这主要是一种人道主义运动。这是人们热情的相互融合与交流；是一种忏悔心情的突发；是相互热爱并对共同福利自我献身的热情冲动。但是，‘如果我们互相友爱，上帝便在我们心中’，所以，人们便找到了这条途径。在人类历史上似乎出现了一个时刻，一个最神圣的时刻，这时新发现的相互拥抱着的兄弟们的世界中的友爱热情和对上帝降福的那种难以描述的激动交织在一起，好像上帝的手紧握着人们互相握着的手一样。这种情况一直继续到今天，并将继续下去。

“你们的预言家和诗人在感情激动的时刻，已经看到死亡只是生命中的一个阶段，但对于你们大多数人，这种说法难以接受。今天，当生命将告结束，不再被哀伤的阴影所笼罩的时候，它的特点是一种油然而生的迫切等待的心情。倘若年轻人不了解，在不久的将来死亡的大门也会对他们敞开的话，这种迫切等待的心情将使他们对老年人产生嫉妒。在你们的时代，人生的低调似乎是一种无法言传的哀伤，正如住在海滨的人们听见海水呜咽那样，这种低调每当猥琐的俗事的喧闹嘈杂的声音暂时停息，便清晰可闻。现在这种低调变得非常欢腾，我们也还可以听见。

"你们问道，既然人类不免一代又一代地死亡，我们还期望些什么呢？我回答：广阔的前途展开在我们面前，但由于前途光明灿烂，我们却看不到最终的目标了。人类要回到作为'我们的归宿'的上帝那儿去，有两条道路：个人通过死亡的道路回去，人类通过完成进化的道路回去。到那个时候，目前还未显示出来的上帝的秘密也将完全被揭露。让我们用眼泪送走黑暗的过去，转身面向灿烂的未来，遮住眼帘，向前猛进吧。人类漫长的、令人厌倦的冬天已经结束，夏天已经到来。人类已经脱颖而出，天堂就在面前了。"

有人竭力反对爱德华·贝拉米的理想，理由是这些理想的基础只不过是单纯的物质福利。面对以上引证的话，他们还能坚持那种态度吗？

西尔威斯特·巴克斯特(Sylvester Baxter)

作 者 前 言

波士顿，肖穆特学院历史学系，

公元 2000 年 12 月 26 日。

我们生活在二十世纪的最后一年，享受到如此简单而又合理的一种社会制度所带来的幸福，这种制度似乎只是人类健全的理智获得胜利的结果。当然，要使那些并非专门研究历史的人能够理解不到百年就臻于完善的现有社会组织，那确是很困难的。但是，没有任何历史事实比这更确凿的了，即直到十九世纪行将结束，人们还一般相信，旧的生产制度尽管具有一切令人痛心的社会后果，并可能需要进行一些零星点滴的改良，却注定会永世继续下去。自从那时以来，在精神和物质方面发生了如此巨大的变革，而这些变革竟能在如此短促的时间内完成，这是多么出人意外，甚至令人难以置信啊！人们以不以为奇的欣然同意的态度适应了他们环境的纵然提前实现却似乎已属十全十美的改革，而这种态度又是多么难以比拟！改革家们怀着满腔热忱从事工作，只期望后世以深切的感激来答谢他们，而他们的这番热忱又有什么考虑能够使它冷淡下来！

有些人虽然希望能就十九世纪与二十世纪的社会对比获得更具体的概念，但对有关这个专题的一些历史著作中的正式论述却又望而生畏，本书的目的就是希望能对这些人有所帮助。作者根

据教师所谈的经验，知道一般人都把学习当作一件苦事，因而试图以传奇小说的体裁来撰写本书，以减少说教的性质。作者极盼这本作品的本身或不至于完全索然无味。

就读者来说，对现代社会制度及其基本原则业已司空见惯，有时可能会对利特医生在这方面所作的解释，感到平淡无奇——然而，我们必须记住，这些事实在利特医生的客人看来，却不是司空见惯的。而撰写本书的目的，显然也在于期望读者暂且不要把这些事实看作平淡无奇。让我再说一句。赞美这个黄金时代的那些作家和演说家所采用的几乎千篇一律的主题都不是论述过去，而是论述未来；不是论述已获得的成就，而是论述将要取得的进步，即不断向上向前的进步，直到人类得以掌握目前尚难预测的命运。这种写法固然极好，但在我看来，要使人们敢于展望人类未来一千年的发展，除了"回顾"过去一百年来的进步以外，别无其他更可靠的根据了。

作者盼望本书能侥幸在题材方面引起读者发生兴趣，从而宽容其创作方面的缺陷。作者本人抱着这种愿望站到一边，且让朱利安·韦斯特先生来现身说法吧。

第　一　章

我在 1857 年诞生于波士顿城。“什么!”你说,“一千八百五十七? 这是个奇怪的差错。他的意思当然是说一千九百五十七。”对不起,我并没有说错。我不是在 1957 年,而是在 1857 年圣诞节的第二天,也就是 12 月 26 日下午四点钟左右,第一次感到波士顿的东风的吹拂。我向读者保证,那个遥远的年代的东风①,跟现时公元 2000 年的东风是同样凛冽刺骨的。

这些话乍听似乎荒唐,等我再补充一句,说我的外表像个三十左右的青年,那就格外不合情理,因此,如果读者认为下面仅是些欺人之谈,不愿再看,那也未可厚非。不过,我诚恳地向读者保证,决不是故弄玄虚,只要读者再多看几页,我包管你们会完全相信。那么,如果我可以暂时假定,对自己的出生年月要比读者知道得更清楚,并保证我的假定有所根据,我愿意把我的故事继续讲下去。每个小学生都知道,在十九世纪末叶,还没有像今天这样的文化,或任何类似的文化,不过发展这种文化的各种因素却已经在逐渐形成中。另一方面,自古以来社会就被划分为穷人、富人、受教育的人和无知识的人四个阶级,或更确切地说,被划分为四个民族

① 波士顿的东风寒冷刺骨,相当于中国的北风。——译者

（因为它们之间的差别远比现在民族与民族之间的差别要大），这种现象一直没有得到任何纠正。我本人既富有而又受过教育，所以享受到当时最幸运的人所能享受的一切幸福。我养尊处优，只顾追求人生的乐趣和考究的享受，依赖别人的劳动生活，却从未作出任何贡献作为报答。我的父母和祖父母的生活就是这样，倘若我有后代的话，我希望他们也能享受这种舒适的生活。

但是，既然我没有为社会工作，又怎样能生活呢？你会这样问我。为什么社会要养活一个能够工作却游手好闲、一事不做的人呢？答复是，我的曾祖父攒了一笔钱，从此他的子孙就一直靠它过日子。你自然会推测，这准是一笔很大的款子，因为经过三代游手好闲的子孙的挥霍，它还没用完。但事实却并非如此。这笔款子原来并不大，不过既然子孙三代依靠它来享受悠闲的生活，它比当初就要大得多了。这种取之不尽、用之不竭的奥妙，看来不可思议，其实也不过是极其巧妙地运用了那种把自己的生活重担压在别人肩上的手段。这种手段现在幸已失传，可是当年你们祖先却把它发展到完美的境界。它成了大家追求的目标，据说谁掌握了它，谁就可以说是依靠投资的收入来生活。在这里，如果要说明古代的生产方法如何使得这种事情成为可能，将会浪费我们太多的时间。这里我只能说，投资的利息就是拥有财富或继承财富的人对那些从事生产者的劳动成果所征收的一种永续的赋税。千万不要认为，按照现代观念看来如此不近人情、如此荒谬的办法，从未受到你们祖先的指摘。从远古起，一些立法家和先知先觉一直都为取消利息或至少把它限制在最低限度作过努力。但是，所有这些努力都失败了，只要古代的社会制度存在一天，这种失败也就是

不可避免的。在我描写的十九世纪末叶这一时期,各国政府一般都根本不再想在这方面加以限制。

为了让读者对当时人们共同生活的方式、特别是贫富之间的关系有个大致印象,我想最好把当时社会比作一辆巨大的车子。广大群众被驾驭着,在一条坎坷不平、布满沙砾的道路上艰苦地拉着车子前进。尽管他们必然走得很慢,但在饥饿的驱策下,也不得拖延。沿着崎岖的道路拉车是十分困难的,可是车上却满载乘客,甚至当车子到了最峻峭的地方,他们也从不下车。车上座位非常舒适,他们迎着和风坐在那里,脚不沾尘,可以逍遥自在地观赏风景,否则便对那些精疲力竭的拉车者评头品足。当然,人人都想占据这样的座位,所以竞争非常激烈。每人在一生中所追求的首要目标,就是要想替自己在车上占到一个座位,死后传给儿孙。按照乘车的规则,每人可以把座位让给自己指定的人,但另一方面,也会发生许多意外事件,使他随时可能失去自己的座位。尽管这些座位那么舒适,它们却并不牢靠,只要车子突然颠簸一下,有一批人便会从车上摔到地上。他们刚才高高兴兴地坐在车上,这时却不得不立刻拿起绳子一同拉车。毫无疑问,一个人认为失去自己的座位是很不幸的,因此乘车者经常为自己和他们的朋友担忧,而他们的幸福生活也就蒙上了一层阴影。

那么,他们只顾着自己吗?你又会这样问了。当他们把自己的奢侈生活和他们兄弟姊妹们的牛马生活相比,而且明了自己的重量增加了他们的负担,难道不感到自己的奢侈生活难以容忍吗?难道他们对于那些仅仅由于命运的拨弄而与他们处境不同的人们,没有一点同情心吗?哦,是的,有过这种同情;乘车者也时常向

那些无可奈何的拉车者表示体恤,往往当车子经过难走的道路或到达特别峻峭的山坡时,尤其如此。每当这个时候,拉车人拼命挣扎着,在无情的饥饿的鞭策下,跌跌撞撞,痛苦呻吟。许多人拉着车子昏倒过去,陷在泥里受人践踏。所有这些形成了一片非常凄惨的景象,往往引起乘车者表现一种极可钦佩的同情。这时,这些乘客会吆喝着鼓励那些紧拉绳子的苦力,劝他们要忍耐,告诉他们虽然命苦,但可以希望从来世得到好报,有的人还出钱替那些伤残者买些药膏之类的东西。大家一致抱怨这辆车子这么难拉,当这段特别难走的道路过去以后,都如释重负地松了一口气。不过,他们松一口气并不是完全为了拉车者,因为在这些行车不便的地方常有翻车的危险,说不定大家都会失去座位。

事实上,也得承认,拉车的苦力所呈现的悲惨景象主要会使那些乘客更觉得车上座位的宝贵,更要拼命地占住不放了。如果乘客们一旦能够担保自己和自己的朋友绝不会跌下车去,那么除了出钱买些药膏纱布之外,对于拉车者的一切,大概也就极少放在心上了。

我很清楚,在二十世纪的人们看来,这种现象是极不人道的,但有两个非常奇怪的情况多少可以用来解释这种现象。第一,大家确实相信,除了多数人拉车、少数人坐车的办法以外,社会就无法维持下去。不仅如此,他们还认为,不论是挽具、车子、道路或劳役的分配,都不可能加以彻底改革。过去如此,今后也永远如此。这确是一件令人遗憾的事,但也无可奈何。既然没有补救办法,按理也就不必枉费心机了。

另一个事实更加稀奇,原来车上乘客都有一种奇妙的错觉,认为他们和拉车的兄弟姊妹们不尽相同,有着更优秀的血统,高人一等,理应在乘车之列。这话听来似乎费解,不过我既然曾经坐在这辆车上,而且也有过这种错觉,我的话就不能不信。这种错觉有个最古怪的特点:不论是谁,哪怕从地面爬上车子,还没等到手上车绳留下的伤疤消失,便开始觉得自己高人一等了。有些人因为自己的祖祖辈辈一向很幸运,能在车上占有座位,于是便断然相信,他们一辈人同普通人本质上有所不同。有了这样一种谬见,显然他们对广大群众的疾苦所抱的同情就会削弱,从而变成冷淡而空洞的怜悯了。在本书所叙述的那个时代里,我自己对于兄弟们遭受的苦难漠不关心,我刚才提到的那种谬见是唯一能够解释我的冷淡态度的借口。

1887年,我年满三十岁,虽然还没有结婚,但已经同伊蒂丝·巴特勒特订了婚。她和我一样,也是个乘车者。那就是说,她家是一个富有的家庭,我希望这种说法已经能使读者对我们当时的生活有了一些概念,大可不必再详细叙述了。在那个时代,只要有钱就能使人获得生活中一切舒适和考究的享受。如果一个女人有钱,她就会有许多求婚者;何况伊蒂丝·巴特勒特除了有钱以外,还是一个美丽而风姿绰约的姑娘哩。

我知道,我的女读者们对这番话会提出抗议。"她可能是漂亮的,"我听见她们在说,"至于风姿绰约,那就绝对谈不上了,因为她穿的是当时流行的服装,头上戴着令人发晕的一英尺来高的头饰,身后拖着长得出奇的裙子,那种矫揉造作的式样,较之以前裁缝设计的任何式样都更会破坏人体线条的优美。你想,谁要是这样打扮,还会显得风姿绰约,那才怪哩!"这话说得有理,我只能回答说,二十世纪的女人由于穿着剪裁合式并能充分表现女性美的服装，显得可爱，但是我还记得她们曾祖母的形象，所以敢于断言，不论是什么奇装异服，也不能完全掩盖她们曾祖母的风姿。

我们只等新居落成就举行婚礼；我盖的那所房子坐落在城内最理想的一个地区，即主要是富翁聚居区。大家要知道，当时评定波士顿各住宅区的优劣，不在于自然环境，而在于邻居的情况。每个阶级或每个民族都各有定所。一个富翁住在贫民区里，一个知识分子住在没有文化的人们之中，就仿佛孤零零地住在多疑善妒的异族当中一样。我们开始兴建房子时原本希望能在 1886 年冬季落成。但是到次年春天它还未竣工，我们的婚期也只好推迟了。这种拖延使我这样一个正在热恋中的人感到特别恼火，而其原因则是由于发生了一连串的罢工，也就是说，所有的砖匠、泥水匠、木匠、漆匠、铅管匠以及其他同营造业有关行业的工人们都联合起来拒绝工作。我记不得究竟是什么特殊原因引起了罢工。那个时期人们对罢工已经司空见惯，也就不再去寻根究底了。自从 1873 年经济大恐慌以来，罢工在各个产业部门此起彼伏，几乎没有停过。事实上，如果看到某个行业的工人一连几个月不间断地工作，那倒反是例外了。

读者只要注意到上面所提的年代，自然会认识到产业界的动荡不安是一个伟大运动处在萌芽和分散阶段的现象，后来具有现代社会特点的工业制度便是在这个运动的基础上建立起来的。今天回顾以往，一切都很明白，就是儿童也能理解，但在当时，我们不是先知先觉，对于周围正在发生的事情并没有明确的认识。我们当时确实感到国家在产业方面正面临着一种非常奇怪的局面，在工人和雇主、劳方和资方之间，莫名其妙地出现了脱节的现象。劳动阶级非常突然而又普遍地对他们的现状感到深刻的不满，而且设想只要他们知道如何着手改变现状，情况就会大大地改善。他们从各个方面采取同一步骤，要求提高工资，缩短劳动时间，改善居住条件，增加受教育的机会，而且还要享受到高雅奢华的生活。在当时看来，除非世界大大地富裕起来，这些要求是不可能得到满足的。虽然他们对自己的要求有个笼统的概念，但是关于实现这些要求的方法却茫无头绪。只要有人似乎能在这个问题上给他们一点教导，他们就会满腔热情地去拥戴他，结果许多自封的领袖便突然名噪一时，其实某些领导人并没有什么见解可以教导他们。不管人们认为劳动阶级这些愿望多么难以实现，他们却把罢工当作主要武器，在罢工中的那种相互支援的热诚，以及为了实现理想而作的牺牲，足以充分说明他们坚定的决心。

当时，一般人都把我所描述的这种运动称之为劳工纠纷。对于它们的最后结果，我这个阶级的人们由于个性不同，看法也不一致。乐观的人断然肯定，就事物的常情而论，工人们的新的愿望是不可能得到满足的，原因仅仅是在于世界上没有那么多物资来满足他们。人类之所以没有即刻挨饿，也仅仅是由于大多数人做得多，吃得少；只要整个世界还是那么贫穷，大多数人的境遇是不可能有多大改善的。这些人认为，工人们斗争的对象不是资本家，而是人类牢不可破的环境。至于他们什么时候能明白这一点，并决心忍受这种无可奈何的命运，那只是他们的智力问题罢了。

不太乐观的人都同意这些说法。由于自然条件的限制，工人们的愿望当然不可能得到满足。但是人们也有理由担心，生怕要等到社会被他们搞得乌烟瘴气、不可收拾的时候，他们才会明白。他们有投票权，如果他们高兴，也有力量这样做，而工人领袖们也有意这样鼓励他们。某些消极悲观的观察家甚至大放厥词，预言社会的大难即将临头。他们声称，人类已经爬到文明阶梯的顶端，又将倒栽下来堕入大混乱中去，经过这场混乱以后，无疑又再会振作精神，重新回过头来开始向上爬。这种经历在各个历史时代以及史前时期一再出现，因而也许可以说明，为什么我们被搞得焦头烂额。人类的历史正如一切伟大的运动一样，循环不息，周而复始。有人认为历史是直线似的向前发展，永无止境，但这种看法只是幻想，实际上并无实例。用彗星的抛物线来比喻人类的经历，也许是比较恰当的，人类从野蛮时代的远日点往上奔向太阳，到达了文明时代的近日点，然后又猛然往下跌落，陷到下面的混沌中去。

这当然是一种偏激的见解，但我记得在我的熟人当中，一些严肃认真的人讨论当世时势时也持有十分相似的论调。当时深思远虑的人们无疑地都一致认为社会正在接近一个危险的时期，结果必然产生巨大的变化。一切劳资纠纷及其起因、经过和解决办法，已经成为报刊和认真讨论的首要题材了。

当时一小撮自称无政府主义者的人危言耸听，引起了人们的恐慌，这正足以说明人心多么紧张。这些人提议用暴力作为威胁手段，强迫美国人民接受他们的主张，仿佛这个刚刚镇压了全国一半人口的叛乱的强大国家，由于想要维持它的政治制度，就会吓得去接受一种新的社会制度似的。

我是富有阶级的一员，跟当时存在的社会秩序休戚相关！自然也分担了本阶级的忧虑。当时我对工人阶级还有一种特殊的不满，因为他们的罢工一再使我不能享受到结婚的幸福，毫无疑问，这种不满也就引起了我对他们的特殊怨恨。

第　二　章

1887 年 5 月 30 日，正好是星期一。这是十九世纪后三十年中一个全国性的纪念日，定名为“阵亡将士纪念日”，以纪念那些为了维护美国统一，在南北战争中牺牲的北方将士。在战争中幸免于难的人们，每逢这个纪念日，在乐队和文武官员行列陪送下，到他们阵亡了的战友们的墓地去献花圈，表示悼念，仪节十分隆重动人。伊蒂丝·巴特勒特的大哥也在这次战争中阵亡，全家在纪念日那天，总要到沃伯恩山上他的墓地去扫祭。

我要求和她一家同去，得到了允许。回城时夜幕已经降临，就留在我未婚妻家里晚餐。饭后在客厅里我拿起一张晚报，看到了建筑业最近又举行罢工的消息。看来，我那座倒霉的住宅的落成期又要拖延了。我清楚地记得，当时我对这件事多么愤怒，我把一般工人、特别是罢工者痛骂一场，但由于有妇女在座，也不便过于放肆。我身边的那些人对我都表示莫大的同情，后来在漫谈中我指摘了煽动罢工者的破坏行动，委实使那些绅士先生们觉得刺耳。大家一致认为情况已经急转直下，越来越糟，谁也不敢说我们不久将会遇到什么结果。我记得巴特勒特太太说：“最糟糕的是，全世界的工人阶级仿佛一下子都发了疯啦。欧洲的情形比这里要糟得多。我根本不敢搬到那儿去住。我有一天问巴特勒特先生，万一那些社会主义者所恫吓我们的种种可怕的事情都发生了，我们该搬到哪儿去住呢。他说，除了格陵兰、巴塔哥尼亚高地[①]以及中华帝国以外，目前他还不知道有哪里可以算作社会安定的地方。”另外一个人接着说，“那些中国佬在拒绝接受我们西方文明的时候是胸有成竹的，他们比我们更了解西方文明的前途。他们知道，这只不过是伪装起来的炸药。”

我还记得，后来我把伊蒂丝拉到一旁，劝她最好还是立刻结婚，不等新屋落成就先到各处去旅行，等我们的住宅筹备就绪再回来。那个晚上她非常漂亮。她的肤色在她特为那个日子穿着的丧服的衬托下，显得十分晶莹玉润。即使是现在，我一闭上眼睛还看得见她，就仿佛在那天晚上一样。当我离开的时候，她送我到大厅，我像平时一样和她吻别。我丝毫看不出这次分离跟我们以往在晚间或白天的告别有什么明显的不同之处。在我心里，一点都没有预感到这是一次不寻常的离别，我想她也是这样想的。

可是，唉！

那晚我离开我未婚妻的时间，对于一个正在热恋中的人来说，未免早了一些，但这绝不是因为我的爱情不专。我是一个严重的失眠症患者，尽管其他方面都很健康，但是由于前两个夜晚几乎一点都没合眼，那一天真把我累坏了。伊蒂丝知道这情形，坚持在九

① 巴塔哥尼亚高地(Patagonia)，过去是南美洲大陆南部的名称，现在正式指阿根廷的丘布特(Chubut)、里欧-内格罗(Rio Negro)和圣克鲁斯(Santa Cruz)三地。——译者

点钟以前打发我回家，并且郑重叮嘱我，到家就立刻睡觉。

我住的那幢房子曾经住过我家三代，现在唯一活着的直系继承人只有我一个人了。这所住宅是个宽敞古老的木构宅邸，内部十分精致，古色古香，不过自从附近一带出现了公寓和工厂，这个地区早就不宜于住家了。这幢房子实在不配接待一位新娘，更别说要接待像伊蒂丝那样一位千娇百媚的人儿了。我已经刊登了出售房子的广告，暂时只不过晚间到那里睡觉，吃饭却在俱乐部里。有个男仆——名叫索耶的忠实的黑人，同我住在一起，侍候我，干点零活。要是有一天我搬走了，这房子有个特殊的地方倒会使我十分怀念。这就是我造在地基下面的那间卧室。在城市里，如果我必须在楼上的卧室里睡觉，彻夜不停的市声会使我无法入睡。但在这间地下室里，地面上任何轻微的声音都传不进来。当我走进房间，关上了门，四周就像坟墓一样的静寂。为了防止地下潮气侵入房内，墙壁上抹了一层防潮的水泥，因此墙壁很厚；地上也同样铺了这种水泥。而且，为了使这间卧房成为一个既防火又防盗的地下库房，以便储藏贵重物品，我用石板把房顶严密地封闭起来，外面有铁门，门上还包着一层厚厚的石棉。地下室有根小管子连接屋顶上的风车，保证新鲜空气的畅通。

住在这样一间密室里的人，按理说总可以熟睡了，可是即使在这间房里，我也很少能接连两夜睡得很香。我对失眠已经习以为常，一个晚上睡不着并不在意。然而，第二个晚上我又不能入睡，只好坐在椅子上看书，实在感到不胜疲倦。我从不让自己接连失眠两个晚上以上，怕神经会因此失常。从这句话里，人们可以推想，——事实也是如此——我还有最后一招，用某种人工方法来催眠。如果两夜失眠以后，临近第三夜又觉得自己毫无睡意，我就去请皮耳斯伯里医生。

人们仅仅因为礼貌关系才称他为医生，他实际上就是当时所谓“不挂牌的医生”或“江湖”医生，但他却自称“催眠学教授”。他是我在业余对催眠现象进行某种研究时偶然认识的。我觉得他对医学一窍不通，然而却是一位高明的催眠师。每当我发觉自己在第三夜还可能失眠，我常常把他请来，仰仗他的手法催我入睡。不论我的神经如何兴奋，或心理如何紧张，皮耳斯伯里医生在很短时间里就准能使我酣然入睡，直到施用一种解除催眠的手法才会醒来。唤醒睡眠者的方法，要比催眠方法简易得多。为了方便起见，我请皮耳斯伯里医生把这个方法传授给了索耶。

只有我的忠实仆人才知道皮耳斯伯里医生来的目的以及他所做的一切。一旦伊蒂丝做了我的妻子，我当然要把我的秘密告诉她。现在我还没有让她知道，因为催眠的熟睡无疑带有某些危险，我知道她会反对我这样做的。这种危险就是：由于被催眠者睡得太熟，进入昏睡状态，催眠者可能无法将他唤醒，终于长眠不起。经过多次试验，我完全相信，只要事先采取妥善的预防办法，也就没有什么危险了。关于这一点，我希望能说服伊蒂丝，虽然还没有把握。那天晚上，我离开她以后，直接回到家里，立刻派索耶去请皮耳斯伯里医生。同时，我走进地下卧室，换上舒适的睡衣，坐下来阅读索耶放在我书桌上的晚班信件。

其中有一封信是我的新屋营造商寄来的，证实了我根据报上的消息所做的推测。他说，新发生的罢工已经无限期地推迟了合同的执行，因为雇主和工人双方对于争执的问题，不经过长期的斗争，都是不肯让步的。卡利古拉[①]曾希望罗马人民只有一个脖子，好让他一刀砍下来。当我看信的时候，有一会儿工夫我竟然也希望用同样的手段来对付美国工人阶级。索耶陪着医生进来了，这才打断了我阴郁的沉思。

那天晚上，他好容易才把皮耳斯伯里医生请来，因为皮耳斯伯里医生准备当晚就离开波士顿。医生告诉我说，自从上次来看我以后，听说远处一个城市有很好的开业机会，决定去捷足先登。我一时情急，问他能找谁替我催眠，他就把波士顿几个催眠师的名字告诉了我，据他保证，他们的本领跟他同样高明。

我这才稍稍放了心，于是嘱咐索耶在第二天早晨九点钟把我唤醒，便穿着睡衣躺到床上，泰然自若地让催眠师进行催眠。也许由于那晚我的神经过分紧张，不像往常那样很快地就失去知觉，但终于睡意渐浓，昏昏沉沉地睡着了。

第　三　章

“他就要睁眼啦！最好只让他先看到一个人。”

“那么，答应我，你不会告诉他。”

---

① 卡利古拉（Caligula），公元 37—41 年罗马皇帝，以拷问和死刑来统治国家，是个有名的暴君。——译者

第一句话是男人的声音，第二句话却是女人的；两人悄悄地谈着。

“我要看看他觉得怎么样，”男人回答。

“不，不，答应我，”对方坚持着。

“就听她的话吧？”第三个声音轻轻说道。也是一个女人。

“好吧，好吧，我答应你，”男人回答。“快走吧！他就要醒啦！”

一阵衣裙窸窣声过去以后，我睁开了眼睛。一个六十上下、面貌清秀的老人正俯身注视着我，脸上带着十分慈祥而又好奇的神情。我根本不认识他。我用肘弯撑起身来，向四周张望。房里空荡荡的，再没有别人。我确实从来没有到过这里，或类似这样陈设的房间。我回过头来看这位老人。他微笑着。

“你觉得怎么样？”他问道。

“我这是到了哪儿啦？”我问道。

“你在我家里，”他答道。

“我怎么会到这儿来的？”

“等你精神好了，再谈这些吧。现在请你不要着急。你在朋友家里，这儿没有坏人。你觉得怎么样？”

“有点头晕，”我回答，“不过我觉得没有什么。请问，我怎么会到这里来打扰你的？发生了什么事？我是怎么来的呢？我明明是在自己家里睡着的。”

“我们以后有的是时间来谈这些，”我那位素不相识的主人带着令人安心的微笑回答说。“在你身体未复原以前，最好不要谈那些使你过分兴奋的话。你能听我的话，喝几口药水吗？这对你会有好处。我是一个医生。”

我用手把杯子推开，勉强从床上坐了起来，因为我的头晕得有点奇怪。

“我一定要立刻知道我在什么地方，你对我究竟干了些什么，”我说。

“亲爱的先生，”我的主人回答说，“请你不要让自己激动。希望你不要坚持马上就要我说清楚。不过，假使你一定要这样，我也会使你满意。可是，你得先把这药水喝下去，这样你的精神会好一些。”

于是，我把他递给我的药水喝了下去。他这才说，“要我说明你是怎样到这里来的，事情显然不如你所想象的那么简单。其实在这方面，你同样也有很多话可以告诉我。你是刚刚从一次沉睡中被唤醒的，或者更确切地说，是从催眠状态中被唤醒的。我能告诉你的，就是这些。你说你在自己家里睡着的，请问那是什么时候？”

“什么时候？”我说，“什么时候？怎么啦，当然是昨天晚上，大约十点钟光景。我吩咐我的佣人索耶在九点钟喊醒我。他到哪儿去啦？”

“那我可没法谈清楚，”我这位朋友回答说，带着一种好奇的眼光看着我，“不过我相信，他不在此地是有原因的。那么现在，你可以把那次入睡的时间说得更明确一点吗？我的意思是说，在哪一天晚上？”

“什么，当然是昨天晚上；我不是已经说过了吗？要就是我多睡了一整天。我的天！那是不可能的；不过我也觉得有些奇怪，好像已经睡了很久似的。我是在阵亡将士纪念日那个晚上睡着的。”

“阵亡将士纪念日?”

“是的,星期一,就是三十号。”

“对不起,哪个月三十号?”

“哪个月? 当然是这个月,要不然,我就一直睡到了6月,但那是不可能的。”

“这是9月啦。”

“9月! 难道你说我从5月一直睡到现在! 天呀! 这简直叫人没法相信。”

“哦! 再谈吧,”我的朋友回答:“你说你在5月30日睡着的?”

“是的。”

“请问在哪一年?”

我瞧着他,茫然不知所措,好一会儿也说不出话来。

“在哪一年?”最后,我有气无力地重复了这句话。

“是的,你愿意告诉我是哪一年吗? 等你告诉我哪一年以后,我才能说你已经睡了多久。”

“是1887年,”我说。

我的朋友坚持要我再喝一口药水,并且试了一下我的脉搏。

“亲爱的先生,”他说,“从你的举止看来,你是个有教养的人,我知道,在你那个时代,这是很难得的,但在今天却是很平常了。在你看来,你一定认为这个世界没有什么事物是真正值得惊奇的。一切现象各有一定起因,它们的结果也都是理所当然的。可以预料,我要告诉你的这件事一定会使你吃惊,但我相信你会控制自己,不致太受刺激。从你的外貌看,你是个年轻人,不过三十岁;从你的身体状况看,和刚从一次很长而又很香的睡眠中醒来的人并没有很大不同，可是今天却是公元2000年9月10日，你已经足足睡了一百十三年三个月又十一天啦。”

我感到有些眩晕，听从我朋友的建议，接过一杯肉汤喝了下去，立即感到困倦，又昏昏沉沉地睡着了。

我醒来时，满屋阳光灿然，记得上次醒来，室内却是灯光。我那位神秘的主人坐在近旁。当我睁开眼时，他并不再看我，因此，在他未发觉我醒来以前，我倒有个好机会把他端详一番，并思索一下我的离奇的境遇。我已毫不感到眩晕，头脑十分清楚。至于说我已经睡了一百十三年的这种怪话，上次在既虚弱又惊讶的情况下，我竟信以为真。现在回想起来，倒不可轻信。这一定是企图进行一种荒谬绝伦的诈骗，动机何在，却无从猜测。

想必发生了某种离奇的事情，不然就无从解释为什么我会在这间陌生的屋子里醒来，并且和这个素不相识的朋友在一起。但究竟发生了什么事情，我除了胡思乱想以外，再也猜不透。难道我中了某种阴谋圈套了吗？当然看来是这样；但是，如果从外表也多少可以看出一个人的品格的话，那么，我旁边的这位老人，面貌是那么温文睿智，当然不会参与任何罪恶或犯法勾当。我又想，或许一些朋友们不知怎样知道了我地下室的秘密，为了让我知道催眠的危险，挖空心思想出这种恶作剧来戏弄我。这种想法也难成立，因为索耶绝对不会泄露我的秘密，在我的朋友中，大概也没有人会来开这种玩笑。但是，总的说来，唯一可能成立的似乎还是这个假定：我变成被作弄的对象了。我仔细地打量着室内的每个角落，满望在椅子或幔帐的后面发现熟悉的嬉笑的面孔。我的目光最后落在我朋友的身上，他正在看着我。

“你这一觉睡得真好，足有十二个小时，”他兴冲冲地说，“我看这对你大有好处。看样子，你的精神好得多啦。你的脸色很好，眼睛也发亮了。觉得怎么样？”

“再舒服也没有了，”说着，我便坐了起来。

他继续说道，“你第一次醒来，听我说你睡了多久一段时间，曾经大吃一惊，想必你还记得。”

“我记得你曾说过，我睡了一百十三年。”

“一点不错。”

“你会承认这实在是个虚构的故事吧，”我说，脸上带着嘲弄的微笑。

“我承认事情非常离奇，”他回答，“但在一定的条件下，根据我们知道的催眠状态来说，这并不是不可能的，也并不是说不通的。在催眠状态完成以后，如同你那种情况，生理机能全部陷于停顿，细胞组织并不会消耗。当体外环境保护身体，使之不受损伤，催眠状态可能继续的时间就不会受到限制。你这次睡眠时间，在有关催眠状态的可靠记录中，确是最长的一次。但是如果你没有被发现，如果我们发现你躺在里面的那间密室不受到破坏，很难说你这种假死的状态不会再继续下去，直到无限长的时间过去以后，地球的温度逐渐冷却，破坏了你的机体组织，那时你才死去。”

假使我真被人当作一个开玩笑的对象，那么，我也得承认，他们是找到一个合适的人来作弄我了。这个人态度动人，富有辩才，即使说月亮是牛油做的，也会使人信以为真。当他发表他的催眠状态的理论时，我微笑地望着他，但这似乎丝毫都没有使他慌张起来。

我说道，“也许你愿意继续谈下去，告诉我你发现这间密室经过的某些细节和室内的情形。我爱听有趣的故事。”

“按照这次的情形来说，”他严肃地回答，“没有什么故事会比这个事实更离奇了。你知道，多年以来，我一直有个希望，想在这房子旁边大花园里造个实验室，进行我喜爱的化学实验。上星期四，终于开始挖掘地窖了，当天晚上便完了工，星期五泥水匠就要来动工。星期四夜里，下了一阵倾盆大雨。星期五早晨，我看见挖好的地窖成了一个水塘，四壁都冲塌了。我的女儿当时和我一起出去看看毁坏的情况，她指给我看，在一处墙壁崩塌的地方，露出了一角石板。我再把泥土拨开一点，发现好像是个庞然大物的一部分，就决定追究到底。我找来一些工人，他们掘到八英尺深的地方，发现一个长方形的地库，显然，它位于一所古屋墙基的犄角。地库顶上还积着一层灰烬和木炭，说明上面的房子是毁于火灾的。地库本身原封未动，水泥和初涂上去时一样完好。它有一扇门，但是打不开，我们就移开顶上的一块石板作为入口。下面的空气不流通，但却清洁、干燥，并不寒冷。我提着一盏灯走下去，发现一间房间，布置得像十九世纪的卧室。床上躺着一个年轻人。当然，我们把他当成死人，而且认为他一定死去一个世纪了；不过躯体保存得特别完好，使我和我特地为此请来的医生朋友们感到惊讶。我们原来并不相信从前会有这样高明的防止尸体腐烂的技术，但眼前情况却无可争辩地证明了我们的近祖确已能够做到这一步。我的同行们对此感到极大的兴趣，立刻要拿你来做实验，研究一下这种保存尸体的方法究竟如何，但我却阻止了他们。我当时的动机、至少是现在需要告诉你的唯一动机是：我想起自己看过的资料中

曾经谈到你的同代人发展动物催眠所获得的成就，从而联想到可能你是在长眠之中，你的身体经过了那么久的时间还很完好，问题不在于保护尸体的技巧，而是因为你还活着。这种想法连我自己也觉得极其荒谬，因此不敢告诉我的同行们，免得他们取笑，我只是提出其他理由，使他们暂缓进行实验。等到他们一离开，我就开始用一套有系统的方法使你苏醒，至于以后的结果，你已知道了。”

即使这番话的中心内容说得更离奇一些，所叙述的细节以及说话人的那种令人感动的态度和品格也足以使人半信半疑。我开始感到十分迷惑，可是当他说完话，我偶然从挂在墙上的镜子里看到了自己的影像。我站起身来，走了过去。镜子里显出的面庞依然是那个样子，和“阵亡将士纪念日”那天我去看伊蒂丝以前对着镜子打领带时看到的丝毫没有两样，但是这位先生却硬要我相信，这个纪念日已经是一百十三年以前的事了。这时，我不禁重又想起他们正在对我进行的这场欺骗的严重程度。当我认清了这种毫无忌惮的放肆行径，心中十分愤怒。

“也许你觉得奇怪，”我的朋友说，“虽然你比当初在地下室里入睡时增加了一百十三岁，你的样子却没有改变。这也没有什么值得奇怪的。你能够经过这么长的时间又苏醒过来，完全是依靠你的生理机能全部停止活动。假使在长眠中你的身体有了任何变化，那它早已毁掉了。”

“先生，”我转身回答他说，“我真猜不透，你装着这副正经面孔对我胡扯一通的用意何在？你真是聪明过头了，居然没想到只有傻瓜才会上你的当！不要再挖空心思说这些废话了，还是痛痛快快答复我，你是否愿意让我知道我在什么地方，我是怎样到这儿来的吧。要不然我就自己来解决疑团，看谁敢阻挡我。”

“那么，你不相信这是公元 2000 年吗？”

“你真的以为有必要这样问我吗？”我回敬他一句。

“好吧，”我那奇怪的主人答道。“既然我不能说服你，你可以自己去弄清楚。你有力气跟我上楼吗？”

“我和以前一样有劲，”我气愤地回答，“如果这个玩笑再开得过分一些，我也许得显显我的劲儿呢。”

“先生，”我的朋友答道，“请你不要过于相信自己是在受人愚弄吧，否则，一旦你明白我的话并没有骗你，你会受不了的。”

他说话的语调带着关切和怜惜，并且对我火辣的言词也毫不见怪，这样竟又使我失却了勇气，于是，我带着一种异常复杂的情绪跟着他离开房间。他在前面带路，走上两段楼梯，又走上一段短梯，我们就到了屋顶上的瞭望台。

“请你向四周看一下，”当我们走到平台上时他说道，“你说，这是不是十九世纪的波士顿？”

在我面前，是一座庞大的城市。宽阔的街道一眼望不见尽头，两旁绿树成荫，排列着精致玲珑的房屋。它们大都各不相连，而是坐落在大大小小的围墙里，向四面八方伸展出去。每个建筑群都有广场，满栽树木，树丛中的铜像和喷水池在落日余晖中闪闪发光。四周尽是宏伟壮丽的公共建筑物，一层层高楼巍然耸立，凡此都是我那时代的建筑不能相比的。真的，以前我确未见过这个城市，或类似这样的城市。最后，我抬头向西面地平线望去，在夕阳下碧蓝如带、蜿蜒而去的，不就是弯曲的查理斯河吗？向东眺望，波士顿港展现在两岬的环抱之内，港内的绿色小岛历历在目，一个也不少。

这时我才相信，我的朋友告诉我的这件离奇的事情，果然是真的。

第　四　章

我并没有昏厥过去，但是为了弄清真相，耗费了精神，感到十分眩晕。我记得，我的朋友不得不使劲扶着我从屋顶走下来，到楼上一间宽敞的房间里去。他一定要我喝一两杯好酒，稍微吃些点心。

“我看现在你快好啦，”他高兴地说。“本来，我不应该用这样突兀的方式让你明白你的处境。不过，你当时的神态却使我不得不这样做，尽管在那种情况下完全不能怪你。老实说，”他笑着说下去，“刚才有一会儿，我真是有点担心，再不赶紧这样做，真会像你们在十九世纪常说的那样，被你一拳打倒哩。我记得你那个时代的波士顿人都是有名的拳击家。我想千万别再耽搁为妙。现在，我相信你总不会再骂我骗你了吧？”

“现在嘛，”我完全泄了气，嗒然地答道，“不要说是一百年，就是你说从我上次看到这个城市以后，已经过了一千年，我也会相信你的话。”

“时间只过了一个世纪，”他说，“但在人类历史上，几千年的变化也没有这段时间的变化这么惊人。"

"现在,"他接着说下去,一边用无比的热情向我伸出手来,"我衷心地欢迎你来到二十世纪的波士顿,欢迎你到我家里来作客。我的名字叫利特,大家都叫我利特医生。"

"我的名字叫朱利安·韦斯特,"我一边说,一边和他握手。

"韦斯特先生,能和你认识,我感到非常高兴,"他说道。"既然这所住宅盖在你的房子的地基上,我希望你在这里不要有任何拘束。"

我们吃过了点心,利特医生请我去洗澡,换换衣服。我欣然从命。

在我的主人所谈到的这些巨大变革中,男人的服装似乎没有什么惊人的改变,因为除了一些小地方以外,我的新衣服一点也不使我觉得新奇。

我的身体现在是完全复原了。但是读者无疑要问,我在心理方面又是怎样呢?读者也许想要知道,当我发觉自己好像突然走进一个新的世界,在精神上会有些什么感觉呢?为了回答这个问题,我请读者设想自己转瞬间从人世被送上天堂或投入地狱。在他的想象中自己会有什么样的经历呢?这时,他的思想是立刻回到刚刚离开的世界呢,还是在最初的震惊过去以后,周围的新环境引起了他的兴趣,使他暂时几乎忘掉以前的、尽管他日后还会想起的生活?我只能说,如果读者的经历和我所叙述的变化一样,可以肯定,后一种假定是正确的。当最初的惊愕消失以后,新的环境所产生的种种令人惊奇的印象使我应接不暇,忘记了其他一切。关于我以前的生活的记忆,暂时也置诸脑后了。

经过我那位主人的亲切照料，我觉得自己的身体很快就复原了。于是，我急着要回到屋顶上去。不久，我们就在屋顶上舒适地靠着安乐椅，俯览并眺望城市风光了。我发现以前有些显著的标志都看不见了，而在它们的原址上，却兴建了一些新的建筑物。我便向利特医生提出了许多问题。他在一一答复以后，又问我新旧城市对比给我的印象，以哪一点最为深刻。

我回答说，"先说小事情，再谈大的。以前那些烟囱和浓烟现在完全都看不见了。这是我最先得到的一种印象。"

"噢，"我的朋友很感兴趣，因此便叫了起来，"我早已把烟囱忘掉啦，我们已经很久不用它啦。你们那种依靠燃烧煤炭取得热量的落后方法，已经差不多有一个世纪不用了。"

"总的说来，"我说，"这个城市给我印象最深的，是人民物质生活的繁荣，这个城市的壮丽正足以说明这一点。"

"只要我能看一眼你那个时代的波士顿，代价再大，我都愿意，"利特医生说道。"听你话的意思，你那个时代的城市无疑是非常污秽杂乱的。即使你们有兴趣要想把那些城市弄得整齐美观一些——关于这点，我不敢冒昧地表示怀疑，可是你们当时那种离奇的生产制度所造成的普遍贫困，使你们也力不从心。何况，当时普遍存在的极端个人主义，是和关心公益的精神背道而驰的。你们仅有的一点财富，看来几乎全都浪费在私人享受方面了。现在呢，正好相反，积余款项最普遍的出路，就是用在大家都有同等机会享受的市容美化方面。"

当我们重新登上屋顶的时候，太阳正开始西沉，谈着谈着，暮霭已悄悄笼罩全城了。

“天快黑了，”利特医生说。“我们下去吧。我要向你介绍我的妻子和女儿哩。”

他的话使我想起当初在我开始恢复知觉时在我身边悄悄谈论着我的女人声音。同时为了急于想看一看公元2000年的妇女的风度，我立刻同意他的建议。我主人的妻子和女儿所在的房间以及所有其他房间都充满着一种柔和的光线。虽然看不清光线来自何处，但我知道一定是人工照明的。利特太太是一位容貌极其秀丽、一点也不显得老的女人，年龄和她的丈夫相仿。女儿却正当妙龄，是我所见到的最美的一位姑娘。深蓝的眼睛，略带红晕的蛋脸，十分端正的轮廓，使她的面庞具有一种诱人的魅力。即使她的容貌缺少特殊的妩媚，单凭她那丰盈完美的体态，也可以算作十九世纪妇女中的一个美人了。在这个可爱人儿的身上，女性的温雅和健康的姿态以及饱满的生活力美妙地融为一体。这些优点，都是那些能和她比美的女子经常缺少的。而且令人惊异的是，她的名字竟然也叫伊蒂丝；当然这和我奇异的遭遇相比，只是一个细微的巧合罢了。

那天晚上，从社交经历来说，确是很特殊的，但千万不要误以为我们的谈话显得特别紧张，或者有什么困难。我确实相信，人们在所谓不自然、也即是不平凡的环境下，一举一动反倒显得最自然了。那无疑是因为在这种环境下，不允许有什么做作。总而言之，我知道那天晚上，我和这些代表一个不同时代、不同社会的人们闲谈，彼此是极其诚恳坦率的，即使是相知多年的老朋友，也很少能有这样的交谈。毫无疑问，这多半应归功于主人们高明的交际手腕。我们所谈的，除了有关我来到他家这番奇异的经历以外，自然没有别的，不过在谈话中，他们坦率爽直地表现出对这番经历的兴趣，因此，大大地减少了谈话主题中极易掩盖一切的怪诞神秘的成分。他们招待得如此周到，使人感到他们是惯于款待来自另一个世纪的流浪者似的。

在我自己这方面，我的头脑从来没有像那天晚上那么机灵活跃，智力又是那么敏捷。当然，我并不是说我在任何时刻都忘掉了自己的离奇处境，不过，这种处境的主要影响是使我一直处于一种高度兴奋的、如痴如醉的状态之中。①

伊蒂丝·利特在谈话中不大开口，但是好几次，我在她美貌魅力的吸引下朝她看时，我发觉她的眼睛全神贯注地、几乎入迷似地正盯着我。显然我已经引起了她极大的兴趣，假定她是个富于想象的女孩子，这也并不足奇了。虽然我认为她的兴趣主要是由于好奇，但是如果她没有这样漂亮，那么，她的好奇心也就不会像现在这样使我动心了。

利特医生全家，似乎对我叙述那晚怎样到地下室去睡觉的情形，感到很大兴趣。大家纷纷猜测，为什么我竟会被遗忘在那里。最后，我们终于找到一个合乎情理的解释，虽然这个解释从细节上来看，是否符合实情，当然是不会有人知道的了。在地下室顶上发现的这层灰烬，说明这幢住宅是被火烧毁的。姑且假定，那天夜里

① 在说明这种心理状态时，请不要忘记，除开我们的话题之外，周围的环境几乎没有什么东西能使我想到自己的遭遇。在旧的波士顿，在我住所的同一区内，就能发现许多比这个还要陌生得多的社交圈子。二十世纪波士顿人和他们十九世纪有教养的祖先在语言方面的差别，还不及十九世纪和华盛顿、富兰克林时代的语言的差别来得大。二十世纪和十九世纪在服饰和家具式样方面的差别，也不比我所知道的在一个世代里发生的差别更显著。

我入睡后，就发生了火灾。只要假设索耶葬身大火，或在火灾引起的意外中丧了命，以后的事情就可想而知了。除了他和皮耳斯伯里医生以外，谁也不知道我这间密室，并且也不知道我就睡在里面。皮耳斯伯里医生当晚到新奥尔良去了，也许从未听说这场火灾。我的朋友和一般人们，一定认为我被烧死了。要是发掘废墟，除非挖得很深，不可能发现和那间密室相接的墙基底部。当然，如果在原址重新兴建房屋，至少如果很快就在上面建造房屋的话，就非进行深部发掘不可了。不过，大概由于时代混乱和地点不合理想，终于没有重建房屋。利特医生说，从现在这块地上长成的树木看来，这块空地至少已闲空了半个世纪以上了。

第　五　章

夜渐深了，主妇和她女儿回房去了，只留下利特医生和我两人。他探问我是否已有睡意，并说，如果我想去睡，床铺早已预备好了；倘若并无此意，他极愿同我作伴。“我自己也是个晚睡的家伙，”他说，“不怕你说我恭维，要想找到一位比你更有趣的朋友是不可能的。能有机会和一个十九世纪的人谈天，确实是很难得的。”

整个晚上，我一直有点害怕，到该睡觉的时候，我孤零零地怎样度过这个长夜。在这些非常友好的陌生人当中，在他们富于同情的关切鼓舞和支持下，我倒还能保持精神正常。但是，即使当着他们，每当谈话停顿，想到自己无以排遣时所产生的那种对新奇环境的恐惧心理，就像跃然一闪的电光似的掠过我的心头。我明白，那个晚上自己是睡不着了。躺着不睡而只是思索，我是害怕的，我相信承认这一点并不表示自己是个懦夫。当我的主人问我时，我就坦白地说出这种想法。他说，我这种想法也是人之常情，并不足怪。他劝我不必为睡眠担忧，只要我想睡觉，他就会给我一种药吃，保证我一夜睡到天亮。等到第二天醒来，自然就不会有陌生的感觉了。

“等一会儿我再向你要药，”我说，“现在，关于我醒来重新见到的波士顿的情形，我想更多地了解一些。我们在屋顶上的时候，你告诉我说，虽然从我入睡以来，只不过一个世纪，但是世界的变化却比以往几千年都大得多。从眼前这个城市来看，我完全相信这话，不过我很想知道，到底有了哪些变化。当然，这是一个很大的题目，随便提出一点来谈吧，你们究竟是怎样解决劳工问题的？在十九世纪，这个问题简直就是斯芬克斯的一个谜。[①] 当我离开时，斯芬克斯正威胁大家，要吞下整个社会哩，因为当时大家还没有找到谜底。如果你们现在真的已经找到谜底，能够让我知道圆满的答案，那么，我这样睡了一百年也是值得的。”

“现在我们都不知道有劳工问题这回事了，”利特医生答道，“也不可能再发生这种问题了，我想可以说，这问题已经解决啦。

① 斯芬克斯(sphinx)是希腊神话中一个狮身人面有翼的怪物。它常出谜语给过路人猜，猜不中的就被它吃掉。——译者

如果一个社会对这么简单的问题都无法解答，也确实应该被吞噬掉了。事实上，正确地说来，这个谜根本不必由社会来解答，可以说，它是自己解决的。这个解决是生产发展过程带来的必然结果。整个社会所要做的事情，就是在这种发展趋势已经显而易见的情况下，来认识并顺势推动这种发展。”

“我只能说，”我答道，“当我入睡那个时期，大家还认识不到这种发展哩。”

“我记得，你说自己是在 1887 年睡着的。”

“不错，是 1887 年 5 月 30 日。”

我的伙伴沉思着，向我注视了一会儿，这才说道，“你说，直到你那个时代，人们对于社会面临着的危机的性质，还没有一般认识吗？当然，我完全相信你的话。你的同时代人对于当代的动向十分盲目无知，这种现象我们有许多历史学家曾经评论过。可是很少有历史事实比这种现象更使我们难以理解的，因为当我们现在回顾过去，对于即将到来的某种变化的征兆，看得清清楚楚，而这些征兆一定也曾经出现在你们面前的。韦斯特先生，请你更具体地谈谈当时你以及像你那样的知识分子对于 1887 年的社会状况及其远景所持的看法，我很愿意听听。至少你们必然已经意识到，当时普遍存在的生产上和社会上的骚动、各阶级对于社会不平等现象的不满以及人类一般的悲惨遭遇，都预示某些巨大变革的即将来临。”

“我们确实充分意识到这一点，”我说。“我们感到整个社会正逐渐失去重心，有随波逐流的危险。谁也不知道它要漂到哪儿去，不过大家都怕它触礁。”

“可是，”利特医生说道，“只要你们仔细观察，这股潮流的去向是完全可以看清的，它不是朝着礁岩流去，而是流向更深的航道。”

“我们有一句流行的谚语，”我说，“‘先见不如后见’，毫无疑问，这句话的道理我现在比以往体会得更深刻了。我只能说，当我陷入这次长期睡眠的时候，我们对前途的展望并不乐观，如果我今天从你屋顶上望下去所看到的，不是这么一个辉煌的城市，而是一片焦土和满生苔藓的瓦砾，我也绝不会感到惊讶的。”

利特医生十分注意地倾听着我的话，当我说完，他若有所感地点点头。“你刚才说的话，”他说道，“用来证明斯托里奥特的见解，却有极大的价值。人们总认为，他对你们那个时代的描绘，过分渲染了当时人们心理的忧郁和混乱方面。像那样一个过渡时期，免不了充满紧张和动荡，这原是人们预料得到的。但是，在清楚地看到当时各种动力的趋向以后，自然就会相信，在当时人们的心里占优势的不是恐惧，而是希望。”

“你还没有说出你们找到的那个谜底哩，”我说。“我急于要知道，你们究竟使用了什么一种制止事物自然发展的办法，竟使我们当时那样一个社会产生出你们现在似乎在享受着的那种和平和繁荣。”

“对不起，你吸烟吗？”我的主人问道。等我们把雪茄点燃，吸着以后，他才继续谈下去。“既然你像我一样爱谈天，不想睡觉，那么，我看最好让我把我们现代生产制度的情况向你说清楚。这样至少可以使你不再会觉得生产发展的过程有什么神秘了。你们那时代的波士顿人是以会提问题出名的，现在就让我来表现一下这种遗传的习性，先来问你一个问题吧。在你们当时的劳工纠纷中，最显著的特点是什么?”

“那还用问,当然是罢工啰,”我回答。

“对啦;但什么东西使得罢工有这么大的力量呢?”

“那就是各种庞大的劳工组织。”

“这些庞大的劳工组织的动力又是什么呢?”

“工人们认为他们必须组织起来,向大公司争取他们的权利,”我回答。

“问题就在这里,”利特医生说道,“劳工组织和罢工的出现,只不过是大量资本较前更为集中的结果。在这种集中发生以前,工商业并非由少数拥有巨额资本的大公司所垄断,而是由无数资本不大的小公司来经营的。那时候,每个工人对雇主来说,所处的地位还比较重要而有独立性。而且,当工人有了一点资本或有某种新的主意足以使自己独立经营的时候,工人也就经常变成了雇主,这两个阶级之间并不存在着不可逾越的界限。因此就没有劳工组织的需要,也谈不到什么大罢工了。但是,当资本不大的小公司时代被大资本公司的时代所接替,一切情形就都变了。被小雇主雇用时还比较重要的个体劳动者,面对着大公司就变得微不足道,并且也无力与之抗衡,同时,上升为雇主的这条路也就断绝了。为了自卫,他们不得不和同伙团结起来。

“从当时的记载看来,反对资本集中的声浪是很猛烈的。人们相信资本集中就像一种新的暴政那样威胁着社会,比社会前此所经历的任何暴政更为可怕。他们相信这些大公司为他们准备了一种人类有史以来最下贱的奴役的枷锁。这种奴役并不受制于人,而是被束缚在没有灵魂、没有精神活动,然而却贪得无厌的机器上面的。回顾以往，也难怪人们要拼命斗争，因为人类确实从未遭遇到比预料中的垄断集团的暴政时期更为卑贱、更为可怕的命运。

“同时，日益壮大的独占企业并吞小公司的现象，丝毫没有因为反对的呼声而停止。在十九世纪最后二十五年中，美国任何重要工业方面的个别企业，如果没有大资本的支持，是绝对站不住的。到了这个世纪的最后十年，留下的一些小企业都成了过去时代的迅速趋于破产的残余，或者只不过寄生在大公司下面，否则便是在大资本家不感兴趣的小范围内苟延残喘。这些小企业即使还存在着，也只能像老鼠一样躲在洞穴和角落里，尽量避免引起别人的注意才能生存下去；全国的铁道都联合成为几个大辛迪加，控制着国内每一条铁路。在制造业方面，每一项重要商品都掌握在一家辛迪加手里。那些所谓辛迪加、普尔、托拉斯或类似的组织操纵着价格，击溃所有的竞争者，除非是另外出现了规模同它们一样大的联合组织。这时便展开一场斗争，结果是发生一次更大规模的合并。城市里的大商场，用开设分店的办法击溃了乡间的同行；同时并吞了城里较小的竞争者，使整个区域的商业集中在它一家，而以前数以百计的小店主都成了它的店员。小资本家失去了自己投资的买卖，在他为大公司工作的同时，除了购买公司的股票和证券以外，他的一点资金就找不到其他出路。这样，就对大公司产生了双重的依赖性。

“尽管一般人都激烈地反对企业集中到几个有势力者的手里，但这种反对却并无任何结果。这一事实证明，其中必然存在着某种重大的经济原因。因为小资本家和他们无数的小公司是属于过去小规模生产时代的，根本没有能力满足蒸汽机和电报时代的要求，以及这个时代大规模企业的要求，实际上也只能把业务让给大资本集团来经营。如果恢复旧的制度，即使有此可能，也将使我们回复到马车时代。尽管这种资本大量集中的制度有很大的压力，令人难以忍受，但即便是牺牲者，他们一面诅咒这一制度，一面也不得不承认这个制度大大提高了全国各种工业部门的生产效率，而且由于管理的集中和组织的统一，也大大地节省了费用。他们也不得不承认，自从新制度代替了旧制度，全世界财富增加的速度是以前无法想象的。这些增加的财富固然多半使富者更富，造成贫富之间更大的悬殊，但事实仍然是：仅仅作为生产财富的手段，资本的效率是和它的集中程度成正比的。即使有可能恢复旧的制度并把资本重新分散，一方面固然可以使社会贫富又变得均匀一些，带来更多的个人尊严和自由，但另一方面，其所付的代价，却是社会的贫困和物质进步的停顿。

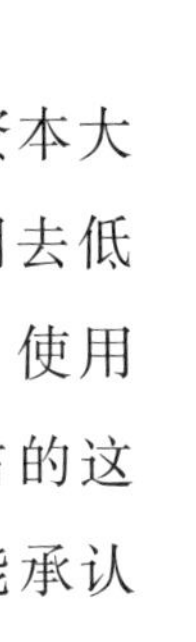

“那么，难道我们就没有办法做到一方面利用这种集中资本大量创造财富的因素，同时又不必向迦太基[①]时代那样的财阀去低头么？人们刚向自己提出这些问题，便发觉早已有了答案。使用日益集中的资本来经营企业的这种趋势，也就是趋向于独占的这种形势，曾受到人们强烈的抗拒，但终归无效，最后人们只能承认它实际是一种过程，只要把这种过程的合理进展加以完成，就会替人类开辟一个光明灿烂的前途。

“到了本世纪初期，这种进展终于完成，一切资本都由国家集

① 迦太基(Carthage)，古代奴隶制国家，都城所在地在今非洲北岸突尼斯附近，当时乃一大城，商业极为发达。公元前146年被罗马灭亡，公元692年，该城被阿拉伯人焚毁。——译者

中。全国工商业不再由少数属于私人的、不负责任的大公司或辛迪加，以追逐私利为目的地任意经营，而由一个唯一代表人民的辛迪加来经营，为全体人民谋福利。也就是说，国家组织成为一个大的企业公司，所有其他公司都被吸收进去。它代替了一切其他资本家，成为唯一的资本家，它是独一无二的雇主，并吞了所有以前较小的垄断组织，成为最后一个垄断组织。它的利润和各种节余由全体公民共同享受。这个'大托拉斯'的出现结束了一般托拉斯的时代。总之，美国人民终于自己来经营他们的企业了，正如一百多年前他们负责管理自己的政府一样。为生产目的和为政治目的而组织起来，理由是完全相同的。终于在人类历史上晚得出奇的时候，人们才认识到这一明显的事实，即任何事业没有比人民赖以生活的工商业更应该收归公营了；将工商业交给私人经营，听任他们谋求私利，是件愚蠢的事，就像把政府职权完全交给国王和几个贵族，听任他们据以图谋自己的荣华富贵一样，但前者愚蠢的程度和影响却要大得多。"

"你所说的这种惊人的巨大变革，"我说，"总免不了大流血和恐怖的骚动吧。"

"恰恰相反，"利特医生答道，"根本没有任何暴力行动。大家早就预见到这种变革，社会的舆论已经成熟，全体人民都拥护这样做。因此，人们不可能用暴力去反对它，而只能采取辩论的方式。另一方面，公众认识到，在真正的生产制度的演变中，作为一个环节、一个过渡的阶段来说，大公司有其必要性，因此群众对于这些大公司及其代表人物，也不再怀有敌意。反对大规模私人独占企业最激烈的人，这时也不得不承认，这些企业在训练人民使之有能力管理经营自己的企业方面所起的作用，是极其宝贵而不可缺少的。如果在五十年以前，要把全国各种工业都集中起来由国家管理，即使是最乐观的人，也会觉得这种尝试太大胆了。但是通过一系列客观事实的印证，经过大家的观察和研究，大公司使人们在这问题上有了一整套崭新的看法。他们多年来看到辛迪加经营的收入，比各个州的收入还要多，而且，在指挥几十万工人从事劳动中所采用的那种经济有效的方法也绝非一些小规模经营所能比拟。大家逐渐相信了这样一个真理：企业越大，可以采用的管理原则也就越加简单；正如机器要比人手更为可靠，在制度方面也是如此，大企业公司的制度所起的作用，较之小企业主的眼睛更加精确。因此，一旦时机成熟，有人提议应该由国家来接替大企业公司的经营时，即使是胆小的人，也不觉得有什么行不通的地方。这得归功于大公司本身。当然，这是空前未有的一种措施，一种范围更广的综合，但是人们认为，国家成为唯一的公司，就可以避免那些局部的独占企业所遇到的许多困难。”

第　六　章

利特医生不再说下去了。我也沉默着，竭力想对他所谈的那种巨大革命引起的社会组织的变化得出一个概念。

终于，我说道，“政府职权扩大到如此程度，至少是令人十分惊讶的。”

“扩大!”他重复我的话,“扩大在哪儿?”

“在我们那个时代,”我说,“大家认为政府的正当职权,严格说来,只限于维护和平、保护人民,反对公共的敌人,就是说,只限于具有军队和警察的权力。”

“但是,天晓得,谁是公共敌人呢?”利特医生喊了起来,“是法国、英国、德国呢?还是饥饿、寒冷和缺乏衣着?在你们那个时代,各国政府经常为了极小的国际间的误会,就把大批的人民当作斗争的工具,使得成千上万的人遭受伤亡,同时把人民的资财像水似地浪费掉。所有这一些,对于牺牲者总是一无好处的。我们现在没有战争了,我们的政府没有作战的权力了。不过,为了使得所有的公民不致饥寒交迫,不致缺少衣着,并在物质和精神方面保证他们的一切需要,政府的职权是,在几年的任期内管理他们的生产。不,韦斯特先生,只要你回想一下,我相信你就会明白,不是在我们这时代,而是在你们那时代,政府的职权有了过分的扩大。现在,即使为了最良好的目标,人们也不允许政府享有那种曾经用来犯过罪的权力了。”

“暂且撇开这些对比吧,”我说,“在我们那个时代,人们就会考虑到那些官僚们的欺骗和贪污,觉得把全国的各种工业交给政府来管理是绝不可能的。我们都会这样想,如果把全国的生产财富的机器都交给那些政客,由他们来控制,那么这种安排真是再糟糕不过了。它所提供的物质利益事实上已经成为各个政党你争我夺的东西了。”

“当然,你说得对,”利特医生接着说,“但是现在一切都变了,没有政党或政客了，至于欺骗和贪污这些字眼，也只是历史上的名词了。”

“人类的本性也一定大不相同了，”我说。

“并不尽然，”利特医生答道，“不过人类的生活条件改变了，因此人们行为的动机也不同了。在你们当时的社会组织下，官吏们经常受到引诱，为了他们自己或别人的私利而滥用职权。在这种情况下，要是你敢把任何事务委托给他们，那真会使人难以理解。现在却不同了，社会组织的方式使得任何一个官员，不管他品质怎样恶劣，也绝不可能假借职权为自己或任何人谋取私利。不管他是怎样坏的一个官员，也绝不可能贪污。人们已经没有贪污的动机了。现在的社会制度再也不会给不老实的人有什么便宜可占了。但这些事情，等你过些时候更了解我们以后才会明白。”

“可是你还没有谈到，你们是怎样解决劳工问题的。我们刚才讨论的是资本问题，”我说。“国家接管全国的工厂、机器、铁路、农场、矿山以及一切资本以后，劳工问题依然存在。在承担资本家的责任的同时，国家必然也接受了资本家的那些困难问题。”

“国家一旦承担了资本家的责任，那些困难也就迎刃而解，”利特医生答道。“当时在你们那种制度下恰恰认为不能解决的劳工问题，等到我们把全国劳工组织起来，置于统一指挥之下，就完全解决了。当国家成为独一无二的雇主，所有的公民凭着他们的公民资格，都变成了工人，按照生产的需要，被分配到各部门中去。”

“那就是说，你们不过是把我们当时所理解的普遍兵役制度应用到劳工问题上来了，”我提醒他说。

“对啦，”利特医生说，“当国家一旦成为独一无二的资本家时，这就是必然的结果。人民对于兵役早已习惯,大家知道,除老弱病残以外,每个公民都有义务为保卫国家安全而服役,这是人人有责,天经地义的事情。根据同样明显的道理,为了维持国家的存在,每个公民同样有义务在生产或文化方面做出自己的贡献。然而,直到国家成为劳工雇主以后,公民们才能真正普遍地、平等地承担这种义务。当雇用劳工的权力还分散掌握在成百成千的个人或公司的手中,在他们之间既不需要、实际上也达不到任何合作时,劳工组织是不可能出现的。在那种情况下,经常有很多人希望劳动,却得不到机会,而另一方面,那些想逃避一部分或全部义务的人却能如愿以偿。"

"我看,现在的服务对全体人民是强迫性的,"我这样提出。

"与其说是强迫,不如说是理应如此,"利特医生答道。"人们认为这是极其自然而合理的,所以强迫的想法早就不存在了。如果在这种情况下,有谁还需要强迫,他就会受到人们的极大鄙视。但是,把服务说成带有强迫性,还不足以说明它是绝对无法避免的。我们的整个社会秩序的建立和发展,几乎完全依据这一点。要是真的有人能逃脱责任,他也没有办法生存下去。他就是脱离社会,自绝于人类,换句话说,等于自杀。"

"生产大军里的服务年限是终身的吗?"

"噢,不;和你们那个时代的平均工作年限相比,我们开始得晚,结束得早。你们的工场里尽是小孩和老人,但是我们现在却把青年时期当作是不可侵犯的教育时期,把体力开始衰退的中年时期当作是不可侵犯的休息和享受时期。一个人参加劳动的期限是二十四年,从二十一岁受完教育时开始,到四十五岁为止。每个公民在四十五岁后，就不再从事生产劳动，不过在五十五岁以前，如果碰到紧急情况突然需要大批劳工，也仍然有应征的义务。但是这种情况极少，事实上几乎从来不曾有过。我们把每年10月15日称作‘注册日’，在这一天，那些年满二十一岁的人都注册参加生产服务，同时，已经服务了二十四年的那些年满四十五岁的人则光荣地退出生产大军。这是我们一年中最重大的日子，其次才轮到其他一切大事。这是我们的奥林匹克，不过它是每年举行一次而已。”

第七章

“我看，正是在你们把生产大军注册以后，主要的困难就要发生了，”我说道，“因为它和军队的类似之处只以此为限。士兵们所做的事情是极为简单而且都是相同的，即练习使用武器、学会行军和守卫等。但是生产大军必须熟习并从事两三百种不同的行业和职业。这需要有怎样一种行政才能，方才可以明智地作出决定，使这样一个大国的每一个人在职业方面都各得其所呢？”

“行政机关并不决定这件事。”

“那么由谁来决定呢？”我问。

“每个人根据自己天赋特长来决定，而我们则尽最大努力使每个人都能发现自己的天赋特长究竟在哪个方面。我们的生产大军的组织原则是，根据每人在智力与体力方面的天赋才能，来决定他应该做什么工作才对国家最有益处，对他自己也最为相宜。在不得逃避某种工作义务的情况下，在必要的规定范围以内，依靠自愿选择的方式来决定每人将担负的特种工作。因为每人在服务期间是否感到满意，要看他的工作是否适合他的兴趣。因此，一个人从儿童时期开始，父母和老师们就注意他的特殊才能的表现。对于国家生产制度以及各项重大行业的发展经过和基本知识的全面研究，构成了我们教育制度的重要部分。在劳作训练不得妨碍作为学校主要目标的一般智力发展的前提下，我们充分给青年以劳作方面的训练，从而使他们除了获得有关国家工业和农业方面的理论知识以外，还能熟悉各种行业的工具和方法。我们学校的学生经常去参观工场，还常作长途旅行，对某些特种工业企业进行参观访问。在你们那个时代，一个人除了本行以外，对于其他一切纵然一无所知，也并不感到惭愧。但是今天，这种无知对于我们要使每人都能明智地选定自己最爱好的工作这种观念是不相符合的。一个青年通常在他注册参加工作前，很早就已经选定自己理想的职业，并已在这方面获得了丰富的知识，迫切地期待着开始工作的日期。”

“不过，”我说，“愿意参加某一行业的人数未必刚好是这个行业所需要的人数，一般说来总是过多或不足的吧。”

“我们总是使志愿就业的人数恰好符合需要的数目，”利特医生说道。“行政机关的责任就是要保证实际情况确能如此。它要密切地注视各个行业的志愿就业人数的比率。如果某个行业的志愿就业人数显然大大超过所需人数，这就说明了这个行业比别的行业更能吸引人。反之，如果在某个行业中发现有志愿人数不能满足需要的趋势，就说明这个行业被人认为比较艰苦。行政机关的工作就是在劳动条件方面经常使各种行业保持均等的吸引力，使一切行业各自对于志愿相近的人都能具有同等的吸引力。所以就按各行各业工作的难易，定出了各个不同行业中长短不同的工作时间。劳动强度较弱的行业，由于在十分舒适的环境下进行工作，因此工时较长，反之，在劳动艰苦的行业中，例如开矿，工时就很短。这里并不根据什么理论，也不根据什么先决的标准来决定各种不同工业的吸引力。行政机关只是根据志愿者人数的多寡所表明的工人自己随时调整的观点来作出决定，减轻这一部门工人的工作，而把它转移到另一些部门。掌握的原则是，不能使任何一个人觉得自己的工作基本上比别人艰苦，工人自己应该成为裁判者。这个规定的使用范围，不受限制。假使有一项职业本身非常艰苦，为了吸引志愿者，有必要将一天的工作时间缩短为十分钟的话，那也必须照办。如果在那种情况下仍旧无人愿意担任这项工作，就停止不办。不过事实上，只要适当缩短一些工时，或者增加一些别的优待，人们所需要的任何一项工作自然都可以获得足够的志愿者的。要是确实有这样一件必须的工作，具有无法避免的困难和危险，即使增加利益作为报酬仍无法克服人们对这种工作的厌恶，这时，行政机构只要把这项工作作为特殊情况处理，宣布这是‘特别危险’的工作，参加者特别值得国家感谢，志愿参加的人就会非常踊跃。我们的年轻人非常重视荣誉，不会放过这种机会。当然你知道，为了做到职业选择的完全自由，必须在所有职业中消除一切不卫生的现象或足以残害性命和肢体的特殊危险。保证健

康和安全是一切产业设备的基本条件。我们的国家不像你们那个时代的私人资本家和大公司那样摧残并杀害成千上万的工人。”

“如果要想参加某一行业的人数超过工作需要,你们怎样决定人选呢?”我问道。

“首先把机会给予那些对这行职业具有最丰富知识的人。但是,任何人如果连续几年坚持申请要在某项特殊行业中表现其才能,最后都会得到这种工作的机会。同时,如果有人不能一开始就参加他所喜爱的工作,一般说来他都有一项或多项其他爱好的职业,虽然不是他最擅长的,也都多少是符合他的才能的。事实上,我们希望每个人都能注意自己的特长,以便在选择职业方面不但有第一志愿,也还有第二或第三志愿。这样,当他在开始工作时或参加工作后,由于科学发展的进步或社会需要的改变而不能继续第一志愿的工作时,仍然可以合理地获得兴趣相近的职业。这种在选择职业方面允许有次要志愿的原则,在我们制度中也是很重要的。此外,我还得说明一种相反的可能性,如果某一行业发生志愿者突然不足的现象,或是有的行业突然发生需要增加工人的情况,固然行政机关一方面可以按照规定的自愿的制度来补充,同时也始终保留着征集特别志愿者或从任何部门调集所需工人的权力。不过,所有这类性质的需要,一般都可以靠不熟练的工人或普通工人来补充。”

“这批普通工人是怎样招募来的呢?”我问。“当然不会有人自愿做普通工人的。”

“这就是生产大军所有的新兵在服役的头三年所属的等级。在这三年内,他必须参加上级领导所指派的任何工作,期满以后,这个年轻人才得选定一项专门的职业。这三年紧张的训练，对任何人都没有例外。青年们通过这种严格的训练再走上比较自由的职业岗位，是非常高兴的。如果一个人笨得连选择职业的能力都没有，他就只好一直做普通工人；不过你可以想象，这种情况是不常见的。”

“一个人一旦选定并参加一项职业或工作以后，”我说道，“我想他就得终生固定在这方面了。”

“那倒不一定，”利特医生答道，“尽管我们并不鼓励，甚至还禁止经常滥换工作，但是每个工人当然也都可以按照一定的规章，根据工作的需要去应征另一产业部门的工作，而这种工作在他看来要比原先选择的更加适合。在这种情况下，他的申请书是当作他第一次应征那样看待的，而且条件也都相同。不仅如此，每个工人还可以根据适当的规定，在不经常要求的情况下，调到同一产业在其他地区的部门去工作，在这一点上，只问其是否愿意而不问其所持的理由。在你们那种制度下，一个对工作感到不满的人固然可以随意离开，但同时也就失业了，将来的生活问题只好碰运气了。我们发现，要放弃熟练的工作而去另找新的职业，要脱离老朋友而去和陌生人相处，这样的人是很少的。只有那些能力较差的工人，才会在规章允许的范围内经常调换工作。至于因健康关系而必须调动工作或退休，那当然是允许的。”

“作为生产制度来看，我承认这是效率极高的一种制度，”我说，“可是却没有看出它对专门职业阶级，也就是说那些用脑而非用手来替国家服务的人作了什么规定。当然，你们没有脑力劳动者总不行吧。那么，他们是怎样从一般农民和机械工人中选拔出来的呢？我敢说，这必须有一番十分细致的挑选过程吧。”

“正是这样，”利特医生答道，“这需要极其细致的考查。因此，每个人究竟应该做脑力劳动者，还是做个体力劳动者，完全让他自己去决定。每人必须担任普通工三年，期满以后，就得根据自己本性所近作出选择，究竟让他自己从事一门技术或专门职业呢，还是做个农民或机械工人。倘若他觉得自己参加脑力劳动能比体力劳动作出更大贡献，便给他各种便利条件，让他去试验自己是否确有想象的那种特长，并加以培养。如果适合的话，便以此作为职业。一切工艺、医药、美术、音乐、戏剧学校，以及高级普通教育学校，对于有志学习的人都是无条件地敞开大门的。”

“那么，难道学校不会给那些只想逃避工作的青年挤满吗？”

利特医生的脸上露出一丝苦笑。

“我向你担保，没有人会为了逃避劳动而来进专门职业学校的，”他说。“这些学校是为那些天赋才能和学校所开的功课相近的人设立的，缺乏这种才能的人会发现，在原来行业中加倍工作，要比在班上不落后容易得多。当然，也有许多人真正把自己的才能估计错了，他们发觉自己不符合学校的要求，就会退出学校回到产业岗位。对于这些人，也并不加以责难，因为国家政策就是鼓励每人去发展自己尚未肯定的天赋才能，而这种才能只有通过实践才能证明是否存在。你们那个时代的专门职业学校和工艺学校是依靠学生上学来维持的，因此把毕业文凭发给不相称的人的办法并不少见，而这些人以后便混进专业队伍里去了。我们的学校却是国家设立的机构，能通过这里的考试，就足以证明他们具有真正的专长。”

“这种专业训练的机会，”利特医生接着说道，“每个不满三十岁的人都有权享受，超过这个年龄就不能入学，否则，他们按自己的职业在退休前为国家服务的时期便太短了。在你们那个时代，青年必须在年纪很轻时就选定职业，因此在多数情况下发生了完全选错职业的情况。现在，大家都承认，人们天资的发展是不平衡的，有的早些，有的晚些，因此规定从二十四岁开始选择职业，但可延长六年。”

这时候，我把三番五次欲谈又止的一个问题提出来了。这个问题涉及我那个时代一向被认为是阻碍最后解决生产问题过程中的最严重的困难。“我觉得很奇怪，”我说，“你怎么一点都没谈到关于调整工资的办法。既然国家已经成为唯一的雇主，政府就得确定工资等级，决定每个人从医生直到矿工应得的工资数额。我只能说，这种计划对我们来说是绝对行不通的，而且除非人类的本性变了，我就看不出现在怎么能够办到。在我那个时代，没有人对自己的工资或薪金感到满意。即使他认为自己收入已经够多了，他也会觉得他的邻居收入太高，结果还是认为自己拿得少了，如果人们对这问题的普遍不满情绪，不是通过对无数雇主的诅咒和罢工进行发泄，而是集中到一个雇主的身上，那么，作为力量最强大的唯一雇主的政府来说，一次发薪以后，等不到下次发薪日也就垮台了。”

利特医生爽朗地笑了起来。

“说得对，说得对，”他说，“第一次发薪日很可能出现总罢工，而直接反对政府的罢工也就是一场革命了。”

“那么，你们又怎样在发薪日避免引起革命呢？”我追问下去。

“是哪位天才哲学家设计了一种皆大欢喜的新计算制度，可以按照一切不同的工作（不管是用体力或脑力、用手或嗓子、用耳朵或眼睛），精确无误地算出它们相对的代价？不然，是不是人类的天性本身有了改变，因此，没有人再为自己的利益打算，而‘每人却关心他的邻居的利益’了呢？问题的答案，两者必居其一。”

“可是，一个也不对，”我的主人笑着回答。“好吧，韦斯特先生，”他接着说，“你总不会忘记，你既是我的客人，又是我的病人，请允许我打断我们的谈话，替你开个安眠药方。现在已经三点多钟啦！”

“你开的当然是剂好药，”我说，“我只希望能够见效。”

“保证办到，”医生答道。他的话果然不错，因为他递给我一个酒杯，里面不知道装了些什么东西，我喝了下去，一倒头就睡着了。

第八章

我一觉醒来，神清气爽，和睡前大不相同了。我继续在床上半睡半醒地躺了很久，觉得浑身舒泰。所有前一天的经历，一觉醒来发现自己进入了公元2000年时所产生的惊讶，新波士顿的景色，我的主人和他的家庭，以及耳闻的一些新奇事物——所有这些都没有在我脑海中留下一点影子。我认为我是在自己家中的卧室里，半醒半睡中所幻想的一些情景，无非是往日生活经历和遭遇中的一鳞半爪。我迷迷糊糊地回忆阵亡将士纪念日那天发生的事件，怎样同伊蒂丝和她的父母到奥本山去，以及回城后怎样同他们一齐晚餐。我回想伊蒂丝那天显得特别漂亮，接着又联想到我们的婚事；但是，我刚刚沉浸在这种美丽的憧憬中，准备深深玩味的时候，我那半醒半睡的状态便被打断了，因为我想起了昨天晚上曾经接到建筑公司的来信，通知我说新发生的罢工将使新屋的落成无限期地推迟。想到这些事情，我便恼怒起来，于是便豁然清醒了。我记起自己曾经和建筑公司人员约定在十一点钟会面，商谈罢工问题，于是睁开眼睛，朝着挂在床脚那边的时钟望去，想看看究竟是什么时候了。可是，并没有看到钟，不但如此，我猛然觉得我并不是在自己的房间里。我在床上霍地坐了起来，在这间陌生房间里四处乱望。

我想自己这样坐在床上发怔总有相当时间，再也弄不清自己到底是什么人了。在那段时间里，我无法区别自己和一个原始生物有什么不同，正如我们可以想象一个已有躯壳的灵魂，在未得到那种有如点石成金的指点，使它脱胎成人以前，不能随便断定它的存在一样。真是奇怪！这种无能为力的感觉竟然这么痛苦！但是我们却正是这样构成的。当我在这无边无际的空虚中绝望而盲目地探索着我自己的时候，精神上所负担的痛苦是无法用言语形容的。也许我的心灵中从来没有过这种体会，就是当一个人刹那间弄不清自己究竟是什么人的时候，由于迷失了思路，失去了精神支柱而产生的那种智力陷于完全呆滞的感觉。我相信，可能我再也弄不清这是怎么回事了。

我记不清这种情况持续了多久，——仿佛是一段无限长的时间,——接着,一切记忆有如闪电一般重又显现在我的眼前。我记起我是谁,在什么地方,怎样到这儿来的,同时也记起刚才浮现在眼前的那些昨日的生活情景,涉及到另一个世代的人,他们在很久很久以前早已物故了。我从床上跳了下来,站在房间中央,两手紧紧压住太阳穴,以免脑袋炸裂,一会儿又俯身扑向床上,把脸埋在枕头里,一动不动地躺着。由于精神亢奋而产生的必然反应,也就是我的惊人经历最初引起的那种澎湃的思潮,终于把我缠住了。同时,那种在我认清目前处境而必然产生的感情上的激动,以及它带来的一切后果,也开始在我身上发生影响。我咬紧牙关,呼吸急促,发狂似地用力抓紧床架,独自躺着,想竭力恢复自己的神志。一切事物在我脑中都失去了联系——例如惯有的感情、各种思想的联系以及人和物的印象等等,都变得模糊凌乱,千头万绪。它们纷至沓来,显然乱得不可收拾。一切都失去了依附,什么都是浮动的。只是意志还没有动摇。但是,面对这样波涛汹涌的大海,谁能有这样坚强的意志敢命令它"平静,不要波动"呢?我真不敢想。每当我深思苦虑自己的经历,想把其中含义弄清,我的思想便成为一团乱麻。我想我是两个人,我有双重人格,这种想法简单地总结了我的经历,因而使我感到十分迷惑。

我觉得自己快要疯了。如果我再这样躺着想下去,我就非疯不可了。我必须要有一些排遣,至少要做些体力活动来排遣一下。我一跃而起,慌慌张张地穿上衣服,打开房门,走下楼去。天色还未大亮,时间还早,楼下没有一个人影。大厅里有顶帽子。我开了大门走上街去。大门未上重锁,证明盗窃已经不是现代波士顿的重大威胁了。我在全城大街小巷一会儿跑一会儿走,足足消磨了两个小时，走遍了这个城市的半岛部分的主要地区。在这段时间里，我所感受到的各种惊讶惶惑，恐怕只有知道一些现代波士顿和十九世纪波士顿的差别的考古家才能体会。前一天，我从屋顶上眺望时，这个城市确实使我感到惊奇，不过那只是它的总的面貌。现在，当我在街上走着，我才第一次看清这个城市有了多么大的变化。硕果仅存的几处旧建筑物只能加深我这种印象，因为如果没有这些建筑物，我一定会误以为自己到了一个外国城市。有人在童年时代离开了出生的城市，五十年后重又归来，也许会发觉这个城市在很多方面已经变了样。他会感到惊异，而不是迷惑。他觉得时光的飞逝，同时也发觉自己的改变。他只能凭童年的记忆，模模糊糊地回忆这个城市。但是请读者不要忘记，对我来说，并不存在任何时间消逝的感觉。在我的意识中，只不过在昨天，只不过在几小时以前，我还在这条街上走过，而现在它却面目全非了。在我记忆中的旧城市的形象是那么鲜明强烈，因而它不可能被摆在眼前的这个城市的印象所冲淡，而是与之抗衡，企图成为我心中的主宰，因此，前者与后者轮流在我心中变得更不真实。我所看到的一切，都是这样扑朔迷离，就好像一张重复印上不同面影的照片那样似是而非。

最后，我又站在那所房子的门前，原先我是从那里出来的。我的双脚必然本能地把我带到老家的故址，因为我并没有明确的想法要回到那里去。在这个陌生一代的城市里，这个地方同任何其他地点一样，并不像我的家，而这里住着的人们也同世界上其他一切男女一样，对我必然是很陌生的。如果这所住宅的大门紧闭着，我推不进去，那么我必然会想到，自己进去也没有什么目的，因此会转身走开。但是大门一推就开，于是我踉踉跄跄地穿过大厅，走进一间敞着门的房间。我突然往椅子上一倒，双手捂住发烧的眼珠，怕看那些离奇的东西。我的神智极度混乱，以致真的呕吐起来了。在那段时间里，我非常痛苦，神经好像都要错乱了，而且那种彷徨无依的感觉也使我沮丧，这些叫我怎样描写才好呢？在绝望中，我不禁大声呻吟起来。我开始感到，要是再没有人来给我帮助，我就快发狂了。正在这时候，果然有人来了。我听见衣裙移动的窸窣声，便抬起头来。伊蒂丝·利特正站在我面前，俊俏的脸上充满深切的同情。

"呀，怎么啦，韦斯特先生？"她说。"刚才你走进来，我正在这儿。看样子，你非常痛苦，所以一听到你喊叫，我再也忍不住了。究竟是怎么回事？刚才到哪儿去啦？有事只管说吧！"

她在说话的时候，大概随着一个同情的手势，不由自主地伸出了双手。不管是什么缘故，我握住她的双手，而且由于一种本能的冲动，紧紧地把她的手捏住不放，正如一个落水的人在最危急的关头，本能地紧紧抓住一根放下来的救生绳一样。我抬头看到她那充满同情的面庞，以及流露着怜惜之情的润湿的眼睛，我的心神就镇定下来了。当她的手指轻轻按住我的手时，我深深感到人类亲切的同情，因而也得到了所需要的鼓舞。它像某种万灵的药酒一样，镇静了我的神经，也减轻了我的痛苦。

"上帝祝福你，"过了一会儿我说道。"刚才一定是上帝让你到我这儿来的。我想你再不来，我就快要疯了。"听到这些话，她不禁泪珠盈眶。

"哎呀，韦斯特先生！"她惊叫起来，"你真把我们看得太无情啦！我们怎能那么久都不来管你呢！不过，现在你没有那种想法了吧，对吗？你一定觉得好多了。”

“是的，”我说，“谢谢你。如果你不马上离开我，我很快就会恢复正常的。”

“我一定不走开，”她说着，脸上微微颤动了一下，这要比千言万语更能表达她的同情。“我们好像没有来照顾你，你可不要以为我们是那么无情的人。昨天晚上，我一直惦记着，你今天早晨醒来将会感到多么惊奇，所以几乎没有合眼。可是爸爸说，你要很迟才起床。他又说，开头的时候，最好不要对你表示太多的同情，不如先分散你的思想，让你感到这儿的人都是朋友。”

“你们确实已经使我感到这一点了，”我答道。“不过你知道，一个人凭空跳过一百年，这种变化不算小吧。昨天晚上还不怎么感觉得到，今天早晨倒有非常反常的感觉。”我握着她的双手，眼光一直注视着她的面庞，我几乎已经可以在我的困境中说些俏皮话了。

“谁也没有想到你那么早就会一个人到街上去，”她接着说。“嗄，韦斯特先生，你到哪儿去啦？”

于是，我便把早晨的经历告诉了她，从我睁开眼睛，一直谈到抬头看见她站在我面前为止，就像我在这里已经描写过的那样。当我叙述的时候，她似乎感到不胜怜惜，虽然我放松了她的一只手，她也没有把另一只手缩回去，因为她显然知道，这对我会有多大的好处。“我也可以体会一些这是怎样的一种感觉，”她说，“一定是非常可怕的。你看，我们竟让你一个人去挣扎！你能原谅我们吗？”

"现在都已经过去了。你暂时已经把我这些感觉都赶走啦，"我说。

"你不会再让它回来吧?"她焦急地问道。

"我还不敢那么说，"我回答。"既然我对一切东西还是那么陌生，那样说也许过早了。"

"可是，至少你不至于再孤单地去挣扎了，"她坚持着。"答应我，你会来找我们，让我们分担你的痛苦，设法来帮助你。也许我们力量很有限，但这比你孤零零一个人去忍受这种感觉总要好得多呀。"

"只要你们允许，我是会来的，"我说。

"啊！当然，当然，请你一定来，"她热心地说。"我愿意尽力帮助你。"

"你只要像现在这样可怜我就好了，"我回答。

"好吧，说定啦，"她说，微笑着，眼里还闪着泪珠，"下次你一定要来告诉我，不要再在波士顿的陌生人中间到处乱跑。"

在这几分钟内，我的苦恼和她的同情的眼泪，已经使我们非常亲近，因此，如果说我们彼此已不再感到陌生，那也似乎没有什么奇怪的了。

"我答应你，当你来找我的时候，"她说话的神气又狡猾又可爱，可是当她继续说下去的时候，又露出了热情的样子。"我一定像你所希望的那样来可怜你，不过你也千万不要以为我是真的可怜你，或者以为我相信你会这样长久地难过下去。我知道，现在的世界和你们那时代的世界比较起来，真算是天堂了，同时我也知道，过不了多久，你的唯一的感情就会是感谢上帝，感谢他神奇地割断了你在那个时代的生活，而又让你在这个新世界里继续生活下去。”

第九章

利特医生和太太不久也出来了。他们听说我清早一个人跑遍全城，显然大吃一惊，但也可以看出，他们发现我出去走了一圈以后并不怎么激动，倒也又奇怪又高兴。

“你出去散步，总很有趣吧，”当我们不久以后在餐桌边坐下来时，利特太太说道。“想必看到了很多新鲜东西啦。”

“我看到的东西，几乎没有一件不是新鲜的，”我答道。“不过，我觉得最奇怪的，就是在华盛顿大街找不到一个店铺，在国家大街也没有看到一家银行。你们究竟用什么办法消灭了那些商人和银行家？难道像我们那个时代的无政府主义者所主张的那样，把他们全都绞死了吗？”

“倒不至于那么厉害，”利特医生答道。“我们干脆不要他们了。在这个新世界里，他们已经不起作用了。”

“你们要买东西，谁来卖给你们呢？”我问。

“现在没有‘买’或‘卖’了；商品的分配是通过另一种方式来实现的。至于银行家，既然钱币都已废除，那些先生们还有什么用处呢。”

“利特小姐，”我转身对伊蒂丝说，“我想你爸爸是开我的玩笑吧。我并不怪他，因为我现在什么都不懂，很容易引起别人对我开玩笑。不过说真的，我虽然相信社会制度可能产生的变化，但那也是有限度的。”

“我知道，爸爸并没有开玩笑的意思，”她答道，同时露出令人安心的微笑。

这时我们的话题又转了，我仿佛记得利特太太提出了十九世纪妇女的服装问题。直到早餐以后，利特医生把我请到他爱去的屋顶上，他才重新谈到了买卖问题。

他说，“你听说我们现在已经不用钱币，也没有买卖，感到很奇怪，但只要你稍为想一想，就会明白，你们那个时代所以要有买卖和钱币，原因很简单，因为生产是掌握在私人手里的，现在呢，这些东西当然成为多余的了。”

“我还不能一下子就懂得这些道理，”我说。

“道理很简单，”利特医生说。“当无数不同行业、互不相关的人们各自生产生活享受方面所需的各种东西，人与人之间就有必要进行无休止的交换，以便得到所需的物品。这些交换构成了买卖行为，而钱币却是不可缺少的一种媒介物。但是，等到国家成为一切货物的唯一生产者，个人之间就无须通过交易来取得所需的东西了。一切物品都由一个地方供给，此外没有任何其他的供给来源。国家货栈直接分配的制度代替了商业买卖，因此，钱币也就用不着了。”

“这种分配是怎样进行的呢？”我问。

“按照一种最简单的方法，”利特医生答道。“每年年初，我们根据国家一年的总产额算出每人应得的份额，把这数字记在公共登记册上每个公民的名下，同时发给每人一张取货证，他就可以凭此向各居民区的公共货栈随时提取所需的任何物品。你知道，这种安排使个体商业和消费者之间的各种商业交易全无必要了。也许你愿意看看我们的取货证是什么样子吧。”

当我非常好奇地研究他递给我的那张硬纸片的时候，他紧接着说，“你看这张卡片代表了一定钱数。我们保留了这个旧的名称，而不是它的实质。我们使用‘钱’这个名称，并不是说真有这种东西存在，只不过是用它来衡量各种产品价值的一种代数符号罢了。因此，各种货物仍旧像你们那时候一样，是用几元几分来标价的。办事员把要提取的物品的价格登记在取货证上，从我们应得的总值中扣去这一部分数字。”

“假使你想从你的邻居那里买些东西，你可以转让一部分取货权作为补偿吗？”我问。

“首先，”利特医生答道，“我们的邻居们没有东西可以卖给我们。并且在任何情况下，取货证是属于个人的，绝对不允许转让。即使国家能同意你说的那种转让，首先也一定要把转让取货权的事情研究清楚，以保证双方权益的均等。在过去，一个人手里有钱，并不能证明他对这笔钱有合法的权利，那些用偷盗或谋财害命手段得来的钱正和辛辛苦苦挣来的钱没有两样。即使没有别的原因，就这一点也足以构成废除金钱的理由了。人们现在常常由于友谊，交换礼物或相互赠予，但是，大家都认为进行买卖是同公民之间应有的那种互助、友爱和廉洁无私的道德绝不相符的，并且也违背了维持我们社会制度的那种休戚相关的观念。按照我们的看法，无论从哪一方面来说，买和卖的行为在本质上都是违反社会利益的。这是一种教人去干损人利己行为的做法。任何一个社会，如果教育它的公民这样做，就绝不可能摆脱文化落后的状态。”

“假使有一年，你所消费的东西不得不超过取货证规定的数量，那又怎么办呢？”我问。

“我们的供应量是很大的，一般都用不完，”利特医生答道。“不过，假使由于意外的消费而感到不足的话，我们可以从下一年的配给额中预支有限的数量。可是我们并不鼓励这种通融的办法，并且规定了很大的折扣加以限制。当然，如果有人平时任意挥霍，那么他的配给就不再是一年一发，而改为按月或按周发给，甚至在必要时不允许他自动处理全部配给。”

“假使你用不完配给，我想你可以把它积蓄起来吧？”

“如果个人预定有特殊的用途，在一定数额以内，也是允许积蓄的。但是，除非预先通知要有特殊的用途，一般认为没有用完全部配给的公民便不可能有机会再用，于是这部分余额就被转到公共积余账上去了。”

“可是，这种办法不能鼓励公民养成节约习惯，”我说。

“本来就不需要鼓励节约，”他答道。“国家已经十分富裕，并不希望人民有好东西而不去享受。在你们那个时代，人们为了防备以后失去生计，并为子孙打算起见，不得不聚积资财，这样就使得吝啬成为美德。但现在，聚积资财既然不再具有这种值得称道的目的，已经没有用处，所以也不成为一种美德了。任何人都不必为自己或孩子们的前途操心，因为国家保证每个公民在整个一生中可以获得抚养、教育和舒适的生活。”

“那种保证真是无所不包了!”我说。“不过又怎样确定一个人的劳动价值足以抵偿国家在他身上的花费呢？整个说来，社会也许可以维持全体人民的生活，但是总有一些人收入较少，不够维持生活，而另外一些人却有富余；这岂不是又使我们回到工资问题上来了吗？这个问题你一直还没有谈过哩。你记得吗，昨晚我们刚刚谈到这一点就停住了。昨晚我曾说过，现在我还是这样说，我觉得像你们这样的国家生产制度，在这问题上会碰到重大困难的。我要再问一下，社会所必须的职业不可胜计，它们的性质截然不同，相互比较的标准又无法一致，在这种情况下，你们怎能把无数职业的不同报酬或工资圆满地定下来呢？在我们的时代，市场行情决定了各种劳动和商品的价格。雇主尽量想少付，工人尽量要多得。我承认，从道德上来说，这并不是个好制度，但至少却为我们提供了一种粗略而方便的办法来解决这个问题，因为只要我们的社会继续发展下去，对这个问题每天都得解决千万次。我们觉得，此外好像就没有什么切实可行的办法了。”

“不错，”利特医生答道，“在每个人的利益都和别人利益相冲突的那种社会制度下，这确是唯一可行的办法；但是，如果人类从此就想不出更好的办法，那未免太不幸了。魔鬼有这样一句成语，‘你的需要就是我的机会。’而你们社会的那种做法，不过是把魔鬼的那句话应用到人与人的关系上来罢了。你们对任何一项服务的报酬，并不按照其困难、危险或辛苦的程度来决定，因为世界上最危险、最艰难、最令人厌恶的劳动，都由报酬最低的一些阶级来承担；相反地，却完全是根据需要这种服务的人们的需要情况来决定的。”

“所有这些，我都承认，”我说。“但是，尽管有这些缺点，按照市场的行情来定价格，还是一个切实可行的办法。很难设想，你们在这方面会找到什么令人满意的办法来代替。既然政府成为唯一可能的雇主，当然也就无所谓劳工市场或市场行情了，各类工资势必由政府强行规定。我真难以想象有什么任务会比这更复杂、更需要慎重处理的了，而且不管怎样执行，也没有比这种任务更容易引起普遍不满了。”

“请原谅，”利特医生说道，“不过，我认为你把困难夸大了。试想在一个像我们这样保证全体人民就业，并允许自由选择职业的制度下，由一些有头脑的人组成委员会来负责制定各行各业的工资，情形又如何呢？难道你不同意说，尽管第一次的决定不太令人满意，但错误是很快就会得到改正的？在缺点未被纠正以前，那些条件好的行业，会出现志愿参加者人数过多的现象，而在那些条件差的行业中，志愿参加者的人数又会不够。不过，这不是我们的原意所在，因为，虽然在我看来，这种做法完全是切实可行的，然而到底不是我们的制度。”

“那么，你们怎样规定工资呢？”我又问。

利特医生沉思不语，过了一会儿才回答我。“当然，我很了解旧制度下的情形，”最后他说道，“因此懂得你提出这问题究竟是什么意思；可是，现有的制度关于这一点却和从前根本不同了，我真不知道怎样回答你才好。你问我们怎样规定工资；我只能回答说，在现代社会经济中，没有一种概念和你们当时所谓工资的概念相同。”

“我想，你大概是说，你们没有用来支付工资的钱币吧，”我说。

“可是,政府货栈发给工人的取货证,就相当于我们那时的工资。你们分别给予不同行业工人的配给,又是怎样决定的?每人根据什么资格来取得他应得的一份呢?分配的基础是什么呢?”

“人所具有的人性就是他的资格,”利特医生答道,“他享受分配的基础就在于他是一个人。”

“在于他是一个人!”我迷惑不解地重复着他的话。“难道你说大家的配给都相同吗?”

“确是这样。”

本书的读者事实上从来不知道还有其他的分配办法,或许也没有仔细研究过有关盛行一种迥然不同的制度的旧时代的历史记载,因此也就很难设想,这类读者会体会到我听到利特医生简单的说明时所产生的那种惊讶和迷惑。

“你要知道,”他微笑着说,“这不只是因为我们没有用来支付工资的钱币,而是正如我所说的,我们根本没有相当于你们工资概念的那种东西。”

这时,我已鼓足勇气,敢于对这种在我看来非常奇异的办法提出一些意见,因为作为一个十九世纪的人,我首先便想到了这些意见。“有些人的工作比别人多一倍!”我高声说道,“这种办法把能干的工人和不能干的工人同等看待,能干的工人会情愿吗?”

“我们对所有的人都要求作出恰恰相等的服务,因此,也不会让别人有什么理由指责我们的办法不公正了。”利特医生答道。

“既然人们的能力有高低之分,那我倒想问问,你们怎能要求人们作出相等的服务呢?”

“这太简单了,”利特医生答道,“我们要求每人必须同样努力;

也就是说，我们要求每人尽他最大的努力作出最好的贡献。”

“假定大家都尽了最大的努力，”我说，“有人的产量还是可能比别人高出一倍的。”

“一点不错，”利特医生回答，“不过，生产量对于这个问题却毫无关系，因为这涉及是否逃避责任的问题。逃避责任是道德问题，而生产量不过是物质数量。如果用物质标准来衡量道德问题，这将是一种十分离奇的逻辑。只有努力程度的大小，才同是否逃避责任的问题有关。凡是尽了最大努力的人，他们的贡献都是相等的。一个人的才能不管多高，也只能决定他应负责任的大小。一个才能很高却没有尽到最大努力的人，尽管作出的贡献可能超过一个才能低却全力工作的人，但两人相比，前者却不如后者。前者终其一生也不能弥补其对社会的亏欠。造物主根据他给予人们的不同资质，规定他们应承担的工作，我们只不过要求人们尽到这种责任罢了。”

“这种理论的确很妙，”我说，“但是，即使两个人都已尽了最大的努力，然而一个人的生产量比另一个人高出一倍，却规定他只能得到和另一个人同样的报酬，那也未免太过分了吧。”

“你真以为是这样吗?”利特医生说道。“你知道不知道这倒使我觉得非常奇怪？现在人们的想法是，一个人使用同样的力量能生产出超过别人一倍的东西，并不应该因此受到奖励，相反地，如果他不这样做，就应该受到责罚。在十九世纪，当一匹马比一头山羊拉动了更多的东西，我看你们是会奖赏它的。现在呢，如果这匹马不多拉一些，我们就会狠狠地鞭打它，理由是它比山羊力大，理应如此。真奇怪，道德标准有了这么大的变化!”医生说这话时，眼睛那么眨了眨，使我不禁笑了起来。

"在我看来，"我说道，"我们按照人们的才能给以奖励，另一方面，考虑马和羊的能力，仅仅是为了确定它们应该分别担任的劳役；真正的理由在于：马和羊不是有理性的动物，当然会竭尽全力听从驱使，而对人来说，只有按照他们的生产量给以鼓励，才能诱导他们去这样做。因此，我倒要问你，为什么你们的社会不需要这样做，莫非这一百年来，人的本性已经大大改变了吗？"

"我们也需要这样做，"利特医生答道。"我认为从你们那个时代以来，人性在这方面并没有什么改变。人的气质依然如故，因此，必须通过奖励方式的特殊鼓励以及使人获得某些利益，才能促使各方面的人们作出最大的努力。"

"但是，如果不论一个人的成就大小，给予他的收入总是一样，那又怎能鼓励他使出全部力量呢？品德高尚的人，在这种制度下，也许会为那谋求公共利益的热忱所感动，但是一般人都认为，特别努力也没有多大用处，因为努力不会增加收入，不努力也不会减少收入。这样，难道他们不会偷懒吗？"我问。

"那么，"我的朋友答道，"难道你真以为人类的本性就是害怕贫困和喜爱奢侈，而对任何其他刺激都毫无反应了吗？难道你真以为，他们在得到安稳与平等的生活以后，就没有其他动机能促使他们努力工作了吗？和你同时代的人尽管自认有这种看法，其实也并不真正这样想。当问题牵涉到需要人们作出最崇高的努力和最大的自我牺牲时，你的同时代人却要去依靠完全不同的鼓励办法了。当面临舍身为国的问题时，他们用以鼓励士气的不是更高的工资，而是荣誉和公众的感激，爱国心和责任感。在世界历史上任何一个时代，这些动机一向激励了人们最优秀、最崇高的品质。不仅如此，只要你分析一下作为你们那个时代一般动力的贪财心理，你就会明白，害怕贫穷与爱好奢华，只是他们以追求金钱为代表的动机之一。其他的动机，并且在许多人看来也是更重要的动机，则是希望得到权力，得到社会地位，以及从个人的才能和成功而来的声誉。所以你要知道，虽然我们消除了贫穷和对贫穷的恐惧，消除了过度的奢侈和对奢侈的向往，但是，对于过去促使人们爱钱的大部分动机，或者激发人们作出更崇高努力的动机，却丝毫没有加以遏制。那些比较低级的动机不再使我们动心了，并且已经被崇高的动机所代替。而这些崇高的动机是你们时代的单纯工资劳动者所完全没有的。既然任何一种生产已不再是为个人而是为国家服务，爱国心和人道热情便成为激发工人工作的动力，正如这种因素曾经激发你那个时代的士兵一样。生产大军之所以称为军队，不仅在于组织的完备，而且由于它鼓舞其成员的那种自我牺牲的热情而得名。

“不过，我们也同你们一样，常常利用爱名誉的心理来加强士兵的爱国心，从而激励他们的勇气。我们的生产制度的基本原则，是要求每人都同样努力，也就是尽他所能尽到的最大努力。因此，你可以看到，我们用以鼓励工人尽最大努力的方法，必然成为我们计划中极其重要的部分。在我们中间，辛勤地为国家服务，是获得公共荣誉、社会地位和职务权力的唯一可靠途径。一个人对社会的服务价值决定他的社会地位。如果用我们鼓励人们热心工作的社会制度所产生的效果来进行比较，那么你们依靠赤贫如洗与穷奢极欲两种现象的实例来教训人们的办法，是收效不大的、不可靠的，并且也是野蛮的。甚至在你们那个污浊的社会里，追逐荣誉的欲望也显然比贪财的心理更能促使人们拼命工作。”

“我非常想知道你们这些社会措施的情形，”我说。

“详细的办法，”医生答道，“当然是很复杂的，因为这种做法贯串在我们生产大军的整个组织中；但也可以用几句话来给你一个概念。”

正在这时候，伊蒂丝小姐上来了。我们坐在露台上谈话，她一来，当然打断了我们，但我还是高兴的。她打扮好了，准备上街去替她父亲办点事，因此来找他。

“喂，伊蒂丝，”当她正要走开时，他喊道，“我不知道韦斯特先生是否有兴趣和你一起出去看看我们的店铺？我刚和他谈了一些我们的分配制度，也许他愿意去看看实际情况。”

他又转身对我说道，“我的女儿到店铺选取东西是不厌其烦的。关于店铺的情形她能比我谈得更多。”

我当然非常赞成这个建议，伊蒂丝也立即表示很喜欢和我做伴，我们便一同出门了。

第　十　章

“如果我把我们的选货方法告诉你，”当我们在街上走着，我的同伴说道，“你也得把你们的方法告诉我才是。我看过一些关于这方面的书,但从所有这些书里,到底没弄清这个问题。譬如说,当时你们有那么多的商店,每个商店又有不同的货物,如果一位太太不走遍所有店铺,又怎能决定要买的东西呢? 因为她不走遍各个商店,就根本没法知道有些什么东西可以挑选。"

"事实正如你所想象的那样,她也只能用这种办法才能知道,"我答道。

"爸爸说我是个不怕麻烦的顾客,可是,如果我也得像她们那样东奔西走,那我马上会变成一个疲劳不堪的顾客了,"伊蒂丝笑着说。

"像这样从这家跑到那家,确实是浪费时间,所以忙碌的人感到十分苦恼,"我说,"至于那些有闲阶级的太太们,尽管她们嘴里也抱怨,我倒认为这个制度确是她们的天赐良机,好用来消磨时间哩。"

"但是,譬如说一个城市里有成千家店铺,而其中同样性质的也许有几百家,那么即使是最悠闲的人,又哪儿有时间都跑遍呢?"

"当然,她们确也不可能都跑遍,"我答道。"那些常买东西的人,已经懂得到什么地方可以买到她们需要的东西。这个阶级的人们对各家商店的专售货品,可说是有了专门学问。她们买东西从来不吃亏,总是只花很少的钱买到又多又好的东西。不过,要得到这种知识,是需要长期经验的。有些人太忙,有些人买东西不多,缺乏经验,于是就只好碰机会了。不过她们总是倒霉的,钱花得很多,买到的东西却又少又不好。如果没有买东西经验的人能买到货真价实的东西,那也只是万分碰巧罢了。"

"既然你们对这些缺点那么清楚,为什么还要容忍这种极不方便的办法呢?"伊蒂丝问我。

"这和我们社会的一切制度一样,"我回答。"再没有人比我们更清楚它们的缺点了,但就是找不到补救的办法。"

"我们到了这一区的店铺啦,"伊蒂丝说道。这时我们拐弯进了一幢富丽堂皇的公共建筑的大门。这个建筑我早晨散步时曾经看到过。这座大厦的外貌,和十九世纪商店的样子完全不同。没有用大橱窗陈列的商品,也没有商品广告或招揽顾客的装饰。在建筑物的正面,也没有什么标志或图案表明这里经营什么性质的业务;但是,在正门的上边,在建筑物的前部,却塑立着一群和真人同样大小的庄严的雕像,最中间的一个是丰富女神的像,手中拿着她的"聚宝角"①。我观察进进出出的人群,男女人数的比例和十九世纪时代店铺里看到的差不多。当我们到了里面,伊蒂丝告诉我,城里每个区都设有这样庞大的分配机构,所以每个居住区离开这种机构至多不过五分钟或十分钟的距离。这是我第一次看到二十世纪公共建筑的内部,这里的景象当然给我深刻的印象。我站在一个光线十分充足的大厅里。这里的光线不仅从四周的窗户射进来,而且还从上面百英尺来高的圆顶上照下来。圆顶下面的大厅正中是一个大喷水池,水花四射,使得室内的空气凉爽而清新。四周的墙壁和天花板上涂着柔美的色彩,使室内的光线显得柔和,但又不影响光亮。喷水池四周一带地方,摆满了椅子和沙发,有许多人坐着在谈天。四周墙上都挂着牌子,说明牌子下面的柜台里

① 希腊神话中的阿玛尔西亚(Amalihaea),是宙斯神(Zeus)的保姆,她是小羊化身,生有"聚宝角",凡是遇到她的人,想要什么角里就会有什么。——译者

陈列有哪几类货物。伊蒂丝朝着一个陈列着五光十色纱布的柜台走去,准备仔细看看这些花纱布。

“店员在哪儿?”我问,因为在柜台后面见不到人,而且也好像没有人过来招呼顾客。

“还不用找店员,”伊蒂丝说,“我还没有选好东西哩。”

“在我们那时代,店员的主要工作就是帮助顾客挑选货物,”我说。

“什么!要他们来告诉顾客该买些什么?”

“是的,而且还常常甜言蜜语地劝人们购买自己并不需要的东西。”

“那么,难道这些太太不觉得这是很不礼貌的吗?”伊蒂丝惊异地问道。“人家买不买,和店员有什么相干呢?”

“这是他们最关心的事情,”我回答。“他们是被雇来推销货物的,大家都拼命要顾客买东西,就只差一点没有使用武力。”

“啊,对啦!我真糊涂,倒把这点给忘了!”伊蒂丝说。“你们那个时代的店主和店员们是依靠出售货物来生活的。现在当然完全不同了。货物是属于国家的。店铺里的货物是替需要货物的人准备的。同时,店员的任务只是招呼大家,收下他们的定单;不论什么东西,哪怕是一码或一磅,如果人家并不需要,那么店员或国家就不会要他们拿走,因为这不是国家或店员分内的事情。”她笑了笑,又接着说下去,“人家并不想买的东西,或者还没拿定主意去买的东西,你们那时代的店员却说好说歹地叫人家买下来,这真是太稀奇古怪了!”

“不过,二十世纪的店员虽然不会哄骗顾客去买东西,但只要他把货物介绍一下，也可以使他自己发挥作用啊！”我提醒她说。

“不，”伊蒂丝说，“那不是店员分内的事情。这些印好的卡片由政府当局负责，我们需要了解的一切情况，上面都写明白了。”

我一看，果然在每种货物样品上都别着一张卡片，扼要地把货物的出品厂家、使用原料以及有关质量的一切特点，甚至价格全都说明了，使人绝对不会再产生任何疑问。

“这样看来，店员对于他所出售的货物，再没有什么可说明的了，”我说。

“确实没有了。他不需要知道、也不必假装知道任何有关货物的情形。对他的要求只不过是要对顾客彬彬有礼，接受定单毫无差错罢了。”

“这个简单的办法省去了多少说得天花乱坠的谎话啊！”我不由自主地惊叫起来。

“你是说，在你们那个时代，所有的店员介绍货物，都胡说八道吗？”伊蒂丝问。

“上帝原谅！我本不该这么说的！”我答道。“确实也有许多人并不如此，他们是值得特别尊敬的，因为，如果一个人的生活，连同他的妻子儿女的生活，都得依靠货物销售量，那么蒙混顾客或让顾客自己上当的动机，确也不容易遏制啊！可是，利特小姐，我只顾谈话，耽搁了你要做的事情啦。”

“一点也没有。我已经选好了。”说着，她捺了一下电钮，立刻来了一位店员。他用铅笔在拍纸簿上写下她所需要的物品，一式两份，一份交给她，把另外一份放在一个小盒子里，接着又把小盒子投入一个自动输送管里。

当店员在她交来的取货卡片上打了眼印，扣去她定货的价值以后，她转身离开柜台，说道，“这份货单的副页是交给取货人的，这样，假使发错了货物，就很容易发现改正。”

“你选东西倒非常快，”我说。“我想问一下，你怎么知道在别的店铺里就找不到使你更中意的东西呢？不过，也许规定你们必须在自己的地区里购买货物吧。”

“啊，不，”她回答。“我们爱上哪儿去买都行，不过我们自然是常到离家最近的地方去买。但是即使到别的店铺去，一定也是毫无收获。所有店铺里的货物品种都完全是一样的，美国出产的或进口的各种货物样品，都在各个店铺里陈列着。这就是我们可以立刻选定货物，从不需要跑两个店铺的原因。”

“难道这只是样品店吗？我没看到店员裁布或标写装包。”

“我们所有的店铺都是样品店，但其中少数几类物品却不是样品。一切货物，包括例外的这几类在内，都由生产者直接运送到本城大的中心货栈去，并储藏在那里。我们根据样品和卡片上印出的货物的质量、产地和特点来定货。他们就把定货单送到货栈里去，于是货品就由那里分配给你。”

“这样确是大大简化手续了，”我说。“按照我们的制度，制造商把货品卖给批发商，批发商卖给零售商，零售商再卖给消费者，每次都要有个转手。你们却省去了一道手续，并且取消了零售商，取消了他的巨额利润以及零售商部门的大批店员。”我说，“利特小姐，这个店铺只不过相当于一所批发店的定货部门，而雇用的店员人数也不比批发店的全体店员多。如果在我们的制度下买卖货物，店员就需要怂恿顾客买货，要把货物剪好、包装起来，十个人也抵不上现在一个人的工作。其中所节省的人力确是很大的啊。”

“我想是这样的，”伊蒂丝说，“不过，当然我们从来也不知道任何别的办法。但是，韦斯特先生，你可不要忘记要我父亲哪天陪你到中心货栈去看看。在那儿，他们接受全城各个样品店的定货单，把货物包扎起来，送到定货人的家里。不久以前，他带我去过，那里的情形真是非常有趣。制度确是很完美，譬如说，在那边的一个工作亭里，坐着一个分发货单的办事员。所有的定货单由店铺的各个部门收下来，通过自动输送管送到他这里来。他的助手把定货单分类整理好，一种定货单放在一只传递盒里。在那个分发货单的办事员面前，有十几个按照货物的品种分类的自动输送管，每个自动输送管连接着货栈的相应部门。他把装着货单的小盒子放进一个输送管里，几分钟以后，这只盒子就和来自其他样品店的同一类货物的所有定单一样落在货栈里的一个指定台子上了。那里的店员按照定单大声报念、登记，送去配货，真是快如闪电。我觉得配货最有趣了。许多捆布匹放在几个用机器转动的滚轴上，由一个裁布的人使用一种机器，一捆接一捆地剪裁布匹，等到疲倦了，由另外一个人来替换。这种情形和其他发货部门是一样的。于是这些包裹通过较大的输送管送到全城各区，再转发到各家去。只要我告诉你，我定的货物送到家里比我从这里带走还要快，你就会明白整个过程是多么迅速了。”

“在居民不多的乡村地区，你们又怎么办呢？”我问道。

“办法是一样的，”伊蒂丝解释道；“那些乡村样品店和县里的中心货栈有输送管连接着，距离可能有二十英里左右。但是输送却很快，途中花费的时间极其有限。不过，为了节省费用起见，许多县里的一套输送管要把几个村庄和货栈连接起来，因此，在相互等待的时候，就难免要耽误时间。有时要在定货后两三小时，才能收到货品。我去年夏天住的地方就是这样的，实在是不方便。”①

“当然，乡村店铺一定还有许多方面是比不上城市店铺的，”我猜度着说。

“不，”伊蒂丝答道，“除了刚才所说的这点以外，其他方面都同样完善。最小的村庄的样品店，也正和这个店铺一样，供给你所需要的国家生产的各种货品，让你选择，因为县里的货栈的货物和城市货栈的货物是同一来源的。”

在回家的路上，我看见住宅的大小和好坏相差很大，便谈谈自己的看法。我问：“既然全体公民的收入相同，居住的房屋怎么又有这样大的差别呢？”

“因为，”伊蒂丝解释道，“虽然收入相同，但是个人的兴趣决定他花钱的方式。有人喜欢好马，有的人像我这样，就喜爱漂亮的衣服，还有一些人想要一张精致的桌子。政府所收的房租，是按照这些住宅的大小、精美程度和坐落地点来决定的，所以每个人都可以找到合乎自己理想的房屋。家庭人口多的人，往往租用宽大的房屋，房租可以由几个人来分担；像我们这样的小家庭，就觉得小一点的房屋更加方便而又经济。这完全是个人的兴趣和方便的问题。我曾经在书上看到，从前时代的人们常常为了硬撑门面租的住宅和做的其他事情都超过了他们的经济能力，想骗人相信他们

---

① 本书付印时，我听说有些乡村地区，配货工作方面的这种缺点将要改进了，不久，每个村庄都会有一条专用的输送管了。

很阔绰。那是真的吗,韦斯特先生?”

“我得承认,这是真的,”我回答。

“那么,你看,现在就不可能再有这种情况了;因为大家对彼此的收入都很清楚,如果他在这方面多花了一些,在别的方面就得节省一点了。”

第十一章

我们到家的时候,利特医生还没回来,利特太太也没见到。伊蒂丝问我:“你喜欢音乐吗? 韦斯特先生?”

我向她表示,按照我的看法,音乐具有人生的一半意义。

“我这样问你,实在抱歉得很,”她说。“我们现在不再把这点当做问题来问别人了;不过,我从书上看到,在你们那个时代,即使在有文化的人们当中,也有人对音乐不大感兴趣的。”

“可是,你得原谅他们。别忘记,我们有些音乐确实很糟,”我说。

“对,”她说,“我知道。恐怕我不该这样胡猜一阵的。现在,你想听点我们的音乐吗? 韦斯特先生?”

“听你演奏,那我再高兴也没有了,”我说。

“听我演奏!”她叫了起来,忍不住高声大笑。“你以为我会替你弹琴或唱歌吗?”

“当然，但愿如此，”我答道。

她发现我有点不好意思，便不像刚才笑得那么厉害，向我解释道：“不错，现在，我们大家为了练嗓子，当然也唱歌，有些人还学着弄弄乐器，作为个人消遣；可是，专业的音乐表演，比我们的任何表演都要精彩得多，完美得多，而且当我们想听这种音乐时，又这么容易听到，所以，我们根本不想听自己唱歌或演奏了。所有真正优秀的歌唱家和演奏家，都在音乐界服务，像我们这类的人多半是不唱了。不过，你真喜欢听点音乐吗？”

我再一次向她表示，我实在喜欢。

“那么，请到音乐室来吧，”她说。于是，我跟她走进一个房间，内部四周都是木壁，地上也铺着光滑的木板，墙上没有挂着什么东西。我本以为可以看到一些新式的乐器，但是，不管我怎么胡猜，我在房里还是看不到任何像是这类乐器的东西。显然，我这种狐疑的样子，使伊蒂丝感到十分有趣。

“请看今天的音乐，”她说，随手递给我一张卡片，“告诉我你爱听什么。你知道，现在是五点钟。”

卡片上的日期是：“2000 年 9 月 12 日”。音乐节目之多，确实从未见过，种类也同样多，而且范围极其广泛，有声乐的独唱、二重唱和四重唱，以及器乐的独奏、二重奏、四重奏，此外还有各种合奏。这份内容丰富的节目单，使我眼花缭乱，不知如何是好。这时候，伊蒂丝用她粉红的指尖指点着卡片上的某一栏。这一栏里有几个选定的节目，用括弧标明，后面并写着“下午五点钟”字样。我这才知道，这份内容丰富的节目单包括全天节目，按照二十四小时分为二十四栏。“下午五点钟”这栏的节目只有几个，于是，我便选了一支风琴演奏的曲子。

“你喜欢风琴，我真高兴，”她说。“我觉得简直没有别的音乐比这更合我的胃口了。”

她让我舒适地坐了下来。只见她走到对面去拧动了一两个螺旋形的开关，顿时房间里就响起了大风琴赞美歌的音乐，乐曲的声响嘹亮而不聒耳，因为她用某种方法把音量的大小调整得刚刚适合于这个房间。我几乎屏住呼吸，一直听到完了。我从没想到，竟会听到演奏得如此美妙的音乐。

“好极啦！”当最后一阵嘹亮的音响戛然而止，余音逐渐消散而归于寂静，我喊了起来。“这一定是巴哈[①]在演奏；可是风琴在哪儿呢？”

“请等一等，”伊蒂丝说，“我要你听一听这曲华尔兹才让你提问题，我觉得这是非常迷人的。”她正说着，室内立刻充满了小提琴的声音，带来了迷人的夏夜情调。当音乐重又停止，她说道：“你好像觉得音乐很神秘，其实一点也不。这些乐曲并不是神仙或魔鬼演奏的，而是善良、忠实而又绝顶聪明的人凭着双手弹奏出来的。如同在其他方面一样，我们在音乐服务方面，也应用了通过合作以节省劳力的办法。本城有许多音乐厅，在音响设备上能完美地适应各种不同的音乐。这些音乐厅都有电话通往全城所有愿意缴纳少量费用的人家，其实，没有一家不这样做的。每一个音乐厅所属的乐队人数很多，虽然每个演员或每组演员的演奏都不外乎短短的一段，但每天的节目却能延续二十四小时而不间断。如果你把

① 巴哈(Bach,1685—1750)，德国名作曲家。——译者

今天的卡片仔细看看，就会发现上面写明四处音乐会的不同节目，每个节目包括种类不同的演奏，此刻都在同时举行。你爱听这四种音乐的任何一种，只要按一下电钮，接上通往这个音乐厅的电线，就可以听到正在演奏的节目了。这些节目都配合得很好，在各音乐厅同时演奏的这些不同的节目，通常都给人以选择的余地。不仅在器乐和声乐之间、在各种不同器乐之间，而且在各种严肃或欢乐的音乐主题之间，都可以选择，从而能适应人们的各种爱好和情感。”

“在我看来，利特小姐，”我说，“假如在我们那个时代，能想出一种办法使每人都可以在家里听到能够适合任何一种情绪的优美而又丰富的音乐，并且呼之则来，挥之即去，那么，我们一定会觉得已经获得了人类最大的幸福，不会再努力去求进步了。”

“我确实无法想象，你们当时酷爱音乐的那些人，对于供人欣赏音乐的旧办法，怎能忍受下去，”伊蒂丝答道。“我想，真正值得一听的音乐，绝不是大众所能听到的，而最幸运的人尽管偶尔能听到，机会也不多，并且要费尽心思，花很多钱，才能在各种不合理想的环境下，在别人任意安排的短暂时间里，享受一下。譬如说，你们的音乐会，还有那种歌剧！为了要听一两段喜爱的音乐，还得坐上几小时，听些不想听的东西，这真要把人气死了！譬如说，一个人吃饭的时候，不爱吃的菜，尽可不吃。如果摆在餐桌上的菜都非吃不可，那么尽管人们肚子很饿，又有谁愿意来吃呢？我相信，一个人的听觉是和味觉同样敏感的。我想这些困难使你们不容易听到真正的好音乐，所以你们不得不在家里听那些仅仅懂得一些音乐皮毛的人们弹唱，总算是聊胜于无吧！”

“对啦，”我答道，“我们大部分人当时只能听到这种音乐，要是不听，就什么都没有了。”

“咳，是啊，”伊蒂丝叹了一口气，“认真想一下，也难怪那时候的人总不大喜欢音乐哩。我敢说，我也会讨厌那种音乐的。”

“我没有听错吧，”我问，“你说过，这种音乐节目一天二十四小时都不间断，是吗？当然，卡片上似乎是这样印着的，但是，从半夜到天亮这段时间，有谁会去听呢？”

“噢，有不少人哩，”伊蒂丝回答。“我们日夜都有人不睡的；而且，即使说半夜到天亮这段时间的音乐不是为别人准备的，那么至少也是替失眠的、生病的以及快死的人准备的啊。在我们所有的卧室里，床头都装有线路设备，谁要是睡不着，就可以按照自己的情绪选听音乐来作消遣。”

“我睡的那个房间也有这种装置吗？”

“当然啰！昨天晚上竟忘了告诉你，我真糊涂，真太糊涂了！不过今晚在你去睡觉以前，爸爸会告诉你怎样使用的。我敢担保，如果那些可怕的感觉再来困扰你，只要把听筒套上耳朵，你就什么都不怕了。”

那天晚上，利特医生问起我们参观店铺的情形，后来在漫谈中，大家就十九世纪和二十世纪的不同情况进行了对比，但话题一转，谈到了继承的问题。“我想，”我说，“现在是不准继承遗产了吧。”

“并不如此，”利特医生答道，“在这方面，我们并不干涉。韦斯特先生，事实上，等到你对我们了解以后，你会明白现在对个人自由的任何干涉，和你们所熟悉的情况相比，是少得多了。我们确也通过法律要求每人在一定期间内必须为国家服务，不像你们那样让人们在工作、盗窃或饥饿这三条出路中自己去选择。除了这项根本法以外，我们的制度并不专门依靠立法行事，而是完全依靠人们的自觉自愿，也就是人类天性在合理条件下活动的必然结果。其实根本法也不过是法典化的自然法（伊甸乐园的训谕）而已，通过根本法，我们的制度对人们施加同等的约束力。这个继承遗产的问题，恰恰证明了这一点。国家既然是独一无二的资本家和地主，每人的所有物自然也就限于他每年应得的配给以及他以这种配给所获得的供自己和家庭使用的东西了。正像你们的年金一样，一个人的配给，到他死的时候就停付了，另外拨出一定的款项，替他办理后事。他的其他遗物可以按照他的意愿处理。”

“时间一久，有些人手中就会积累起不少有价值的财物，这样可能会严重影响公民们彼此平等的生活境况，那又怎么防止呢？”我问。

“这个情况本身会简单地自行解决。”利特医生答道，“在目前的社会组织下，个人资产的积累一旦超过真正生活享受的需要，就只会变成一种负担。在你们那个时代，如果一个人的家里堆满了金银杯盘、名贵瓷器、贵重家具，以及诸如此类的东西，人们一定会说他富有，因为这些东西代表金钱，随时都可变卖，换成现款。现在呢，如果一个人有一百个亲戚同时快要死去，而把财物遗留给他，他的处境与上述情况相同，却会被人认为是很不幸的遭遇哩。所有的东西，因为不能变卖，除了实际使用或作为鉴赏品以外，对他毫无价值可言。另一方面，他的收入原封未动，为了租赁房屋贮藏这些东西，甚至还要花钱雇人来看管，这样就会把他的配给全部花完。我敢说，这个人一定会赶紧把这些东西分送给他的朋友，不然他就会穷下去；而在那些朋友当中，谁也不会接受得很多，怕多了以后没有地方安置，也没有时间来照顾。因此，你可以看出，为了防止财富积累而禁止遗产继承，对我们国家来说，完全是多余的了。我们可以相信，每个公民是不会让自己负担过重的。每个人在这方面都十分慎重，因此许多人对于亡友的遗赠，除了保留特殊物品以外，通常都放弃继承权。这些无人愿领的财物，就由国家接收，把有价值的东西重新归作公共财产。”

“你刚才谈到出钱雇人看管房屋，”我说，“这倒使我想起一个几次要提出来的问题了。你们是怎样解决家务劳动问题的？在一个社会里，大家的社会地位全都相等，谁又愿意替人当佣人呢？即使我们当时根本谈不上社会平等，但妇女们想要找人帮忙料理家务，也是十分困难的。”

“我们社会的基本原则是，人人都必须先后为大众服务。正因为我们的社会地位全都平等，没有东西能妨碍这种平等，而且，也正因为服务是光荣的，所以如果我们需要，就很容易找到成批的家庭雇工，那是你们梦想不到的，”利特医生答道。“不过，我们并不需要这样的人。”

“那么，谁来替你们料理家务呢？”我问。

“没有人料理，”利特太太见我问她，便说道，“我们要洗的东西都送到公共洗衣店去洗，费用十分便宜，我们的伙食是公共厨房做的。一切穿着的剪裁缝补，都由外边的公共店铺包办。烧火点灯当然全用电气代替。我们选择房屋只求够用，室内家具也尽量简单，这样要把房间收拾整齐，一点也不麻烦。所以我们就不需要雇工了。”

“事实上,”利特医生说,“由于你们当时的贫苦阶级替你们提供了无数佣工,而你们能把各种艰苦而令人厌恶的工作全都压在他们身上,因此,对于如何设法避免雇用仆人的问题,也就不关心了。可是现在既然凡是替社会做的工作,大家都得轮流去做,因此全国每个人对于减轻繁重劳动的措施,都有共同的利害关系,而且这同他个人也休戚相关。这样,就大大推动大家在各种生产方面创造发明了一些节省劳动力的办法,其中最早的成果之一,就是在家务安排上做到了以最少的劳动换取最大的舒适。”

“如果碰到家里有特殊事故,”利特医生接着说,“譬如大扫除或修理房屋,或是家里有人生病,我们一向都可以从生产大军那儿得到帮助。”

“但是你们没有钱币,又怎样来酬报他们呢?”

“我们当然用不到把钱付给他们,而是代他们付给国家。如果人们需要他们服务,就可以向专门的机关申请,而政府便在申请人的取货证上扣除他们服务的代价。”

“现在的世界真是女人的天堂了!”我感叹道。“在我那个时代,即使是万贯家财、奴仆如云的太太,也摆脱不掉家务,至于家道小康的阶级和贫苦阶级的妇女,便成为繁琐家务的牺牲品了。”

“对啦,”利特太太说,“我曾经看过一些这方面的书,可以令人完全相信,在你们那个时代,尽管男人也很苦,但同他们的母亲和妻子相比,却要幸运得多了。”

“国家用它宽大的双肩,”利特医生说,“毫不费力就担起了把你们那个时代的妇女们压得弯腰曲背的重负。她们的悲惨境遇以及你们其他一切痛苦的根源，都是在于你们的社会制度所依据的那种个人主义使你们无法合作；而且也是在于你们认识不到，如果你们同别人合作而不是争夺，你们就可以从别人那里得到超过以往十倍的利益。值得奇怪的倒不是当时你们没能够过得更好一些，而是何以在彼此都公然企图将对方变为自己的奴仆、企图夺取对方财物的情况下，竟然能够一同生活下去。”

“好啦，好啦，爸爸，要是你说得这么激动，韦斯特先生会以为你在骂他了，”伊蒂丝笑着插进来说。

“假使你们要请一个医生，”我问，“是不是仅仅向特定的机关提出申请，不管派哪个医生来你们都同意呢？”

“关于请医生的问题，那种办法不很适用，”利特医生答道。“一个医生是否能够把一个人的病治好，大半要看他对病人体质强弱的了解。因此，必须让病人能请到一个特定的医生，他这样的做法，正和你们那个时代的病人一样。唯一不同之处就是，现在的医生并不为自己收费，而是代国家收费，按照诊费的规定标准，在病人的取货证上扣除应付的款额。”

“照我的想法，”我说，“如果诊费完全一样，而医生又不会拒绝替人看病——我想他大概是不会的——那么，高明的医生一定很忙，而庸医就会闲着没事做了。”

“首先，请原谅我这个退休的医生说句大话，”利特医生微笑着答道，“不瞒你说，我们现在没有庸医了。现在，任何一个对医药只求懂得一点皮毛的人，都不能像你们当时那样，自由地把人命当儿戏了。只有通过学校的严格考试，并且确实证明有就业能力的学生，才准行医。而且，你也会看到，现在已经没有医生企图打击同行来扩展自己的业务了。干这种勾当的动机已经不存在了。此外，医生还得定期向医务部门报告，如果他没有被合理使用，就会给他寻找工作。”

第十二章

直到现在，我对二十世纪的制度，甚至还未获得一个概念，因此，需要提出的问题是漫无止境的。利特医生似乎也有无限的耐心，所以当太太和小姐走后，我们没有睡觉，还谈了好几个钟头。我重新向主人提到早上谈话结束时未曾谈完的那个问题，说明自己由于好奇，很想知道在工人们对自己的生活没有任何忧虑的情况下，生产大军的组织怎样能充分激励大家勤奋工作。

“首先，你必须明了，”医生答道，“对于工作采取奖励刺激的办法，只不过是我们替生产大军规定的这个组织所追求的目的之一。另外一个同样重要的目的，就是保证使确有能力的人得以担任生产大军组织的各级领导和国家的高级职员。这些人本身的经历，足以说明他们能够带领大家在工作中达到最高水平而不容许懈怠。生产大军就是为了这两个目的组织起来的。这个组织中的最低级的工人是不分工种的普通工人。他们什么工作都做，新注册的人在头三年都属于这一类。这一等级属于学校性质，而且是一个非常严格的学校，年轻人在这阶段中学会了服从、接受领导以及忠于工作的习惯。这部分人所做的工作,性质繁杂,所以不可能像以后那样有系统地划分等级。可是,对个人的成绩都做了记录,成绩优良的给以奖励,玩忽职守的给予处罚。不过,我们的政策是,只要年轻人不犯大错,即便他们有点疏忽或轻率,那也绝不会妨碍他们的前途。所有经过了这个不分工种的阶段而没有严重过失的人,在选择自己最喜爱的终身职业方面,都有同等的机会。职业一经选定,他们就开始从学徒做起。各种行业的学徒,期限各不相同。学徒期满以后,他就变成正式工人,成为这一行业或行会的会员了。并且,不但要把每人在学徒时期的能力和勤劳表现都做出精确的记录,对特别优良的人给以适当的奖励,而且还根据学徒阶段的一般成绩,决定他在正式工人中的地位。

“虽然机械和农业方面的各种生产部门,由于它们特有的条件,内部组织并不一样,然而却一致根据能力,把工人大体分为一、二、三等;每等通常又分为一、二两级。我们根据一个青年在学徒期间的表现,给他评定为一等、二等或三等工。当然,只有那些能力突出的青年,才能直接从学徒转为一等工。大部分人都从低等开始,待工作比较熟练以后,再经过定期的重评等级,逐步提升。每个生产部门每隔一段时期就进行重评等级,日期大约是在这个部门的学徒期满的时候,因此,成绩好的人不必等待太久就可以得到提升,同时也不允许任何人满足于过去的成绩而停滞不前,否则他们就会降级。高等级有个显著的优越条件:工人享有一种特权,能在本产业的各个不同部门或工序中,按照自己的意愿去选定自己的专业。当然,并不是说所有这些工序类别的劳苦程度都彼此相差悬殊,然而其间往往还是有不少差别的,因此,这种选择的特权就十分宝贵了。事实上，在指派专业工作的时候，即使对于能力最差的工人，也尽可能考虑到他们的志愿，因为这样不仅可以使他们感到更愉快，而且可以使他们发挥出更大的作用。不过，尽管在工作情况允许下可以照顾低级工人的愿望，但是也只能在高等级的工人被安插以后才加以考虑，因此，低等级的工人往往不得不从事第二、第三种志愿，甚或由于需要，不得不接受强行指定的工作，这种选择的特权，随着每次重评等级而变动，因此当一个工人失去了原有的等级，同时也就有可能失去自己喜爱的工作，而改换其他兴趣较差的工作。每次重评等级的结果，确定每人在本产业中的地位，所有这些情况都在公报上发表。在最近这次重评等级被提升的人，国家对他们表示感谢，并当众授予新等级的徽章。”

“这种徽章是什么样的？”我问。

“各个产业都有自己的特殊式样，”利特医生答道，“但都是一种极小的金属徽章，如果你不知道佩戴的地方，就简直看不出来。所有生产大军的人员，除非在某种情况下为了公共方便起见还必须穿着特殊制服，平素只是佩戴这种徽章。在同一产业部门中，不同级别的徽章式样都是相同的，不过三等工的徽章是铁的，二等工是银的，一等工是镀金的。

“由于只有最高等级的人才能担任国内的重要职位，而且对于绝大多数不愿从事艺术、文学以及其他专业的人们来说，生产大军中的等级是取得社会荣誉的唯一途径，因而上述两种情况便成为鼓舞人们努力工作的巨大动力。除此以外，也还有其他各种次要的但或许同样有效的刺激因素，例如高等级的人在纪律方面所享受的一些特殊权利和豁免权。所有这些，使每人心中时刻迫切期望升级，同时却又尽可能地不使那些还未升到高等级的人产生嫉妒心理。

“我们不仅要使优秀的工人，而且也要使普通的和不大好的工人都能受到升级希望的鼓舞，这点显然是十分重要的。事实上，后者的人数要多得多，因此，等级制度应该做到不使这些人的勇气受到挫折，这一点，甚至比鼓励前者更为重要。正因为要达到这个目的，所以又将每等分成几级。在每次重评等级时，使每等每级的人数相等，因此，除了职员和未定级的以及学徒级的人数以外，最低一级的人数在任何时候都不超过生产大军人数的九分之一，而且这些人大半是刚满学徒期限的，他们全都希望能够升级。那些在全部服务年限中一直留在最低一级的人，只占生产大军人数中极小一部分，他们一般对自己的等级不够关心，在才能方面也无法使自己的地位得到提高。

“一个工人甚至也不一定要升到较高的等级，才能尝到荣耀的味道。根据提升等级的要求，每个工人需要在工作上有全面良好的表现，但另一方面，对于各行业中还不够升级条件而成绩良好的人，则给以公开表扬，或者给以各种奖励，对于有特殊贡献和某方面作出成绩的人，也是如此。不仅在每等中，而且在每级中，也还有许多次要的荣誉地位，各自成为推动集体努力的刺激因素。我们要使得任何一种长处都不致被完全忽略过去。

“有些人由于动机不纯，对工作十分懒惰，表现确实很坏，甚或有其他公然玩忽职务的行为，对于这些人，生产大军的纪律是很严格的，绝不允许这类情况存在。一个有能力完成任务却坚持拒绝工作的人，将被单独监禁起来，饮食只限于面包和水，直到他改悔为止。

“生产大军中最低一等的职员，例如副领班或队长，是从工作满两年的一等一级的工人中选任的。由于选拔的范围太广，因此，只有这级中最优秀的一部分工人才能有此机会。这样，只有年近三十的人才能当选担任领导工作。当一个人做了职员以后，当然不是靠他本人的工作效率来评定他的成绩，而是根据他所领导的这些人的工作来评定的。领班是从副领班中任命的，同样限于少数条件适合的人。对于更高等级的职员的任命，办法又不相同，要在这里说清楚，话就太长了。

“当然啰，我所说的这种分等级的制度，对于你们那时代的小规模生产组织是不适用的，因为在某些企业中，即使每级只有一个人，恐怕工人也不够分配哩。请不要忘记，在全国性的劳动组织下，一切产业部门都是靠很多人来工作的，因为你们那时的许多农场和工场现在都合并成一个了。正因为各种生产组织都完全依靠庞大的规模，在国内各地都有相同的机构，所以我们才能通过交换和调派的办法，使每人几乎都可以从事他最能发挥所长的工作。

“现在，韦斯特先生，根据我就这方面的特点所说的大概情形，你可以想一想，那些需要特殊鼓励才能尽力工作的人，在我们的制度下，是否会感到缺少这种鼓励呢。至于那些不论是否愿意而不得不工作的人，难道你不承认，他们在这种制度下将会由于有力的推动而尽力工作吗？”

我答复利特医生说：在我看来，如果要提出任何反对的意见，那就是这些鼓励的办法太猛了，替青年人规定的步调也太快了，并且在尊重你们意见的情况下，容我再说一句，尽管我同你们相处较久，对整个问题已经有了更多的了解，但我的意见仍旧未变。

但是，利特医生却希望我对这问题加以考虑。其实我也会不假思索地说：既然工人的生活并不取决于他的等级，因此尽管他渴望升级，他在失望之余也不会感到难受；何况工作时间很短，有定期休假，而且到了中年，在四十五岁时，一切竞赛全都停止——所有这些也许足以答复我的反对意见了。

“另外还有两三点也该说一下，”他又说，“以免引起你的误会。首先，你要知道，这种提升比较干练的工人而不提升较差的工人的制度，绝不违背我们社会制度的基本观念，而且不论成就的大小，凡是尽最大努力工作的人，都同样应该受到奖励。我曾经说明，这种制度使工人抱有升级的希望，因此对于能力强弱不同的工人来说，都有同样鼓励的作用。另一方面，选拔能力较强的工人为领导者，也丝毫不是为了要谴责那些能力较低的工人，而是为了大家的福利着想。

“同时也不要因为我们的制度充分利用竞赛来作为鼓励的动力，你就以为我们把它当作一种能够吸引品格高尚的人的动力，或是值得他们接受的动力。像这样一些人，他们的工作动力是内在的，并不依靠外力，他们按照自己的才能来衡量应负的责任，并不以别人的才能为转移。只要他们自己的成就和他们的能力相称，那么，在他们看来，偶然因为成就大而会受到表扬或是成就小而会受到指责，都是不合理的。对于具有这种品质的人来说，竞赛在理性上显得荒谬，在道德上也很卑鄙，因为它使人们对别人的成功表示忌妒而不是赞扬，对别人的失败采取幸灾乐祸的态度而不加以惋惜。

"不过,即使在二十世纪的最后一年,也并非所有的人都能达到这样高的道德标准,对于一般道德标准不高的人,必须采用能适合他们那种低下本性的鼓励办法。于是,对这些人来说,便需要用最剧烈的竞赛来作为经常的动力了。那些需要这种动力的人会感觉到它的存在,而那些不受这种动力影响的人也就并不感到需要了。"

"还有一点不该遗漏的,"医生接着说下去,"就是对于那些在身心方面有缺陷的人,由于他们不能同大部分的工人在一起公平合理地定级,我们规定了单独的等级,同其他等级划分开来。这就是一种病残队。让他们做些适于他们体力的轻易工作。所有在精神和身体方面有病的人,所有聋子、哑子、瘸子、瞎子和残废者甚至疯子,都列入这一队,佩戴着病残队的徽章。他们当中最强壮的人通常差不多也能做一个普通人的工作,那些最衰弱的人当然什么也不能做了。不过,凡是能做些事情的人,谁也不愿闲着。即使是一些疯癫的人,当他们神志清醒时,也是非常愿意做些力所能及的事情的。"

"设立这个病残队,真是一个好主意,"我说。"即使是一个来自十九世纪的野蛮人,也能体会到它的好处。这是使慈善事业不露形迹的一种巧妙的办法,受到这种待遇的人在情感上一定能够很愉快地接受。"

"慈善事业!"利特医生重复着我的话。"你以为我们把这些没有工作能力的人当作慈善事业的对象吗?"

"当然啰,"我说,"因为他们是没有能力维持自己的生活的。"

说到这里,利特医生立即打断我的话。

“谁能够自己维持自己的生活呢?”他追问。“在文明的社会里,根本就没有自己维持自己的生活这回事。在一个甚至还不懂得家庭组织的野蛮社会里,个人也许可能自给自足,可是,尽管如此,也只限于他生活的一部分。但是人们一旦开始过共同生活,即使在组成最低级的社会组织的时候,自给自足也就变为不可能了。等到人类越来越文明,各种职业和工作也分得更细,人们复杂的相互依赖关系就成为普遍的法则了。每一个人,不论他的职业具有怎样的独立性,是一个庞大生产协作组织的一部分,即使这个组织像国家以至全人类那么大,也是如此。人类相互依赖的必要性决定了互相帮助的义务和保证;你们那时候没有这样做,这就是你们制度的最残酷、最不合理的地方。”

“这也许都是事实,”我回答,“但是这和那些对工业生产不能有任何贡献的人,却毫不相干。”

“我在早晨确实告诉过你,至少我这样记得,”利特医生答道,“一个人之所以有权利享受国家的供应,就因为他是一个人,只要他尽了最大努力就行了,至于健康状况和体力强弱,我们是不问的。”

“你曾这样说过,”我答道,“不过,我以为这个原则只适用于能力不同的工人。对于那些完全不能工作的人,也这么办吗?”

“他们不也是人吗?”

“那么,这样看来,瘸子、瞎子、病人和失去工作能力的人,都同工作能力最强的人过着同样舒适的生活,有着相同的收入吗?”

“当然啰!”他回答。

“这种大规模办慈善事业的想法,”我说,“一定会使我们当时最热心的慈善家惊讶不置。”

“如果你的家里有个生病的兄弟，”利特医生答道，“他不能工作，你会不会让他吃较差的食物，住较坏的房屋，穿比较破旧的衣服，一切都不如你呢？很可能你还要把最好的东西给他。你也不会想到把这种事情叫做慈善事业吧。在这方面，倘若有人使用这个名词，难道你不会生气吗？”

“当然是这样，”我回答，“不过情形是不同的。固然在某种意义上可以说四海之内皆兄弟；但是这种一般的所谓兄弟关系，只不过是说得好听一点的辞令罢了，不论在情感上或义务上，都不能同真正的骨肉关系相提并论的。”

“又是十九世纪的论调了！”利特医生喊道。“嗨，韦斯特先生，可见你这一觉确是睡得很长久了。你把我们今天的文明和你们当时的文明对比一下，可能会觉得我们的文明有不可思议之处，如果要我用一句话来使你明了，那么，我应该说，全民族的休戚相关和人与人之间的兄弟关系，在你们看来，是一些冠冕堂皇的辞令，而在我们的思想感情上，却像骨肉关系那样真实，那样重要。

“但是，即使把那种观念撇开不谈，我也弄不明白，你们对于那些不能工作的人完全有权利依靠那些能够工作的人的产品来生活这一点，为什么要那么惊奇。即使在你们那个时代，和我们生产大军的服务相类似的保卫国家的兵役义务，也是落在那些能够担任的人们身上的，对于那些力不胜任的人，也并没有因此剥夺了他们的公民权利。没有人会说他们不该有权利留在家里，受到在外作战的人的保护，或因此看轻他们。所以现在，我们要求那些有能力的人从事生产工作，但并不因此剥夺那些不能工作的人的公民特权，这种特权现在就指的是人的生活必需品。一个工人并不因为他工作才算是一个公民，而是因为他是一个公民所以才要工作。你们承认强健的人有义务去替体弱的人打仗，我们现在已不再有战争了，我们认为他就有义务为体弱的人工作。

“如果某种解决办法留下了一部分问题不能解决，那还算是什么解决办法呢？假使我们把瘸子、病人和瞎子都排斥出去，让他们同野兽为伍，自谋生路，那么，我们对于人类的社会问题就根本没有得到解决。与其把这些残废者置之不顾，倒不如不顾那些强壮的和健全的人。即使我们疏忽了别人，我们对于残废者也必须同情，给以安排，使他们身心愉快。因此，像我早晨告诉你的那样，每个男人、女人和小孩之所以有权享受生活资料，显明而简单的理由恰恰就在于他们是一个民族的同胞——一个人类大家庭的成员。我们都是上帝创造的，就凭这点，每人都有权获得生活来源。

“我认为，你们那个时代的文明特征和现代观念最不相符的一点，就是你们对于不能独立生活的那些人的忽视。即使你们没有怜悯心，没有同胞的感情，你们那时怎么会不知道，让这些没有工作能力的人得不到照料，就是剥夺他们的基本权利呢？”

“关于这点，我不大明白你的意思，”我说。“我承认这部分人有权要求人们的同情，但是，他们什么都不生产，怎么能有权要求分享生产成果呢？”

利特医生这样回答我：“你们的工人能够比许多野蛮人生产更多的物品，究竟是什么缘故呢？难道不完全是因为继承了人类过去的智慧和成果，坐享其成地使用了经过几千年的创造而形成的社会机构吗？这种知识和机构在你们产品中所创造的价值，同你们自己的贡献是九与一之比，而你们又是怎样拥有这些东西的呢？你们继承了这份遗产，是不是呢？而另外这些人，这些受到你们排斥的不幸的残废的兄弟们，难道不也和你们一样是这份遗产的共同继承者吗？你们是怎样对待他们应享受的那份权利的呢？你们拿点面包皮去打发那些理应享受遗产的人们，难道说这不是掠夺他们吗？你们把面包皮称之为慈善事业，这不是在掠夺之外又加上一层侮辱吗？"

"噢，韦斯特先生，"利特医生见我沉默不语，接着又说，"先不谈用什么公正和友爱的态度来对待那些身心不健全的人的问题，我不能理解的是，既然你们那个时代的工人知道自己的儿女后代如果运气不好，会得不到舒适的生活，甚或得不到生活必需品，他们又怎能安心工作。我很难理解，既然这种制度使他们比身心不健全的人获得更多的收入，有儿女的人为什么会赞成这样一种制度。因为，这种不公平的待遇固然使父亲得到好处，但是他爱之如命的儿子可能在身心方面不如别人，因而就只能以面包皮糊口，沦为乞丐了。人们又怎样敢留下儿女呢，我无论如何也想不通这个道理。"

附注：虽然利特医生在前一晚上的谈话中强调应该尽力促使每人明确自己的特长，并根据特长选择职业，但是直到我了解各行各业的工人的收入都相同以后，方才认识到这是完全行得通的，而且，由于每人都选定自己最适宜的工作，因此也就能够发挥所长。在我那个时代，由于缺少有系统或有效的措施来促使人们发展并利用他们对生产工作和脑力劳动的天赋才能，就造成了那时的一种巨大浪费，也造成了那时人们痛苦的一个最普遍的原因。当时大多数人虽然名义上可以自由选择职业，却从来没有真正做到，而只是为环境所迫，去做那些与他们天赋才能不大相宜的工作，因而也就不太能够胜任。在这方面，富人并不比穷人占多少便宜。固然，穷人因为通常受不到教育，甚至没有机会发现自己可能具备的特长，并且即使发现了自己的特长，由于缺乏财力，也不能使它得到发展。除非他们偶然遇到好机会，自由职业和专门技术职业的大门对他们是关闭着的，这对他们本人和国家都是一种重大损失。另一方面，对于有钱阶级来说，虽然他们能获得教育机会和工作机会，也不可避免地要受到社会偏见的影响，使他们无法从事手工艺的职业，尽管这种职业对他们很合适；同时不论适合与否，却又指定他们从事专门技术职业，从而使我们失去了多少优秀的手工艺者。为了贪图金钱，大家都去追求那些得钱较多但与自己才能不适合的工作，同时放弃了那些待遇较低却与本性相近的工作，这是使得许多天才被埋没的另一原因。所有这些情况，现在都改变了。教育和工作机会均等使一个人的任何才能都一定可以显露出来，无论社会偏见或图利思想都不再能妨碍他去选择终身职业了。

第十三章

正如伊蒂丝所担保的那样，当我准备睡觉时，利特医生果然陪我到卧室去，把拨准音乐电话机的方法教给了我。他指点我怎样旋转一个开关，使整个房间充满了音乐的声响，或使声响细如游丝，有如回声，逐渐消失在远方，令人辨别不清究竟是亲耳听到，抑或是一时的幻觉。如果两人并排睡在一起，一人要听音乐，另一人却想睡觉，也有法子使一人听到，而另一人却不受干扰。

“如果可能的话，韦斯特先生，我劝你今天晚上最好还是睡觉，不要去听这些世界名曲，”医生把使用的方法说明以后，对我说道。“你现在正经历着一个痛苦的过程，在这种情况下，只有睡眠才能镇定你的神经，此外就没有别的良药了。”

我想起当天早晨的经历，便答应听从他的意见。

“很好，”他说，“那我把音乐电话机拨到八点钟。”

“那是什么意思?”我问。

他解释说,电话机里还装有时钟设备,只要拨准时间,到时音乐就会把人唤醒。

按照当时情况,可以初步看到,我已经没有失眠的症象,而且十九世纪的生活带给我的其他不舒适的感觉也一同消失了。这在事后也得到充分的证明,因为,虽然我这次没有服安眠药,却和前晚一样,头刚落枕,就睡着了。

我梦见自己坐在阿尔罕勃勒宫[①]宴会厅里阿本塞雷奇斯王族[②]的御座上,正在欢宴我的大臣和将军,他们明天就要随着新月旗[③]出发,去攻打西班牙的那批该死的基督徒了。空气由于喷泉变得凉爽,同时又弥漫着浓郁的花香。一群身材丰腴、口唇抹得红艳的印度舞女,随着铜乐器和弦乐器翩然起舞,婆娑摇曳,妖媚万状。抬头向隔着栏杆的楼厢望去,不时可以瞥见美艳王妃的流盼,她们正注视着聚集一堂的阿拉伯骑士中的英杰。铜钹越敲越响,旋律越来越疯狂,沙漠民族的然血沸腾,再也抑制不住勇武的狂热,黑武士们猛然跃起,从鞘中拔出千百把弯刀,齐声呼喊,“阿拉,嗨,阿拉![④]”声震屋宇,也惊醒了我。我发觉天已大亮,室内正响着“土耳其起床号”的广播乐。

早餐桌上,我把早晨的经历告诉了我的主人,才知道我被催人

---

① 阿尔罕勃勒(Alhambra),中古时期西班牙南部阿拉伯王族的宫殿。——译者

② 阿本塞雷奇斯(Abencerrages),八世纪至十五世纪西班牙南部阿拉伯王族。——译者

③ 新月旗,伊斯兰教国家国旗的标志。——译者

④ 阿拉(Allah),伊斯兰教的真主。——译者

起床的音乐闹醒，倒不是偶然的事情。早晨起床的时刻，有一个音乐厅通常总演奏鼓舞人们情绪的音乐。

“对了，还有一件事，”我说，“我忘记问你欧洲的情况了。旧大陆的那些社会也都改造了吗？”

“是的，”利特医生答道，“欧洲的一些大国，以及澳大利亚、墨西哥和南美洲的一部分地区，现在都像这个社会改革的先驱者——美国那样，在生产上组织起来了。这些国家的和平关系，通过一个全球性的、自由形式的联邦同盟得到了保证。这个联邦同盟各成员国之间的来往和贸易关系，以及它们对于那些目前经过教育正逐步走向文明的落后民族的共同政策，都由一个国际委员会来规定。每个国家在本国领土内，都享有充分的自主权。”

“你们没有货币，又怎样进行贸易呢？”我问。“尽管你们在国内交易方面已经不用货币，可是同别的国家做买卖的时候，总得要有一种货币才行啊。”

“噢，不；货币在我国的国际贸易中，正像在国内交易中一样，已经是多余的东西了。在私人企业从事国际贸易的时期，由于账务周转十分繁复，货币确是进行核算所不可缺少的；但是现在，国际贸易是以各个国家作单位来进行的。因此，全世界就只有十几个商人了，它们的交易都受国际委员会的监督；只要一种简单的簿记制度，就完全可以满足它们的结算需要了。各种关税当然也不需要了。每个国家，对于本国政府认为一般人民并不必需的物品，根本不予进口。每个国家都有一个对外贸易局，主管国际贸易事宜。譬如说，美国对外贸易局，估计美国在某年需要若干数量的法国货物，就把购货单送给法国对外贸易局，反之，法国也同样向我国对外贸易局提出购货单。所有国家都是互相这样做的。”

“可是,既然没有竞争,外国货的价格又怎样规定呢?”

“一个国家供给另一国家的货物的价格,”利特医生答道,“必须和供给本国人民的售价相同。所以你看,这就不至于引起误会。当然,从理论上说,任何国家都并无义务要把本国工人的劳动产品供给另一个国家,但是,把某些货物进行交换,是为了彼此的共同利益。如果一个国家经常对另一国供应某种货物,而任何一方对这种关系准备作重大调整时,都必须通知对方。”

“但是,假使有一个国家独占某种天然产物,拒绝供给其他国家,或是拒绝供给其中的一个国家,那又怎么办呢?”

“这种情况从来没有发生过,如果发生了这样的情况,对于拒绝供应的一方来说,它所受到的损失会比其他国家更为严重。”利特医生答道。“首先,法律上不允许有任何徇私行为。法律要求每个国家在同其他国家的交往中,各方面都必须完全根据同一立场。你所说的那种行为将使采取这种行动的国家在各方面都遭受世界各国的摒弃。至于意外的情况,我们就无需担忧了。”

“但是,”我说,“假如有一个国家独占某种自然产品,而其出口量又超过本国的消费量,由于不断提高售价,因而即使不断绝供应,却利用别国有此需要的机会来谋取利润,那又怎么办呢?这个国家的人民在购买这种货物时,当然也得付出较高的价钱,但是作为一个整体来看,这个国家从外国人那里取得的利润,将比从本国人民口袋里取得的利润更大。”

“等你弄清楚现在一切货价是怎样决定的,你就会明白,为什么物价不可能改变,而只有按照生产这些物品的劳动量多少和艰巨性的不同情况才能加以调整,"利特医生回答。"这一原则有着国际和国家的保证,不过,即使没有这个原则,不论就国际或一个国家来说,有关共同利益的观念,以及对于愚蠢的自私自利行为的认识,今天已经深入人心,你所担心的那种刻薄行为根本不可能发生。你应该知道,我们大家都希望将来全世界能够合并为一个国家。毫无疑问,它将是人类社会的最终形式,而且所实现的经济利益,亦将超过现在自治国家联盟的制度。同时,现在的制度差不多能够起很好的作用,我们让子孙后代去完成我们未了的事业,也就十分欣慰了。当然,有人认为制度到此已臻尽善尽美,理由是,联盟方案不仅是解决人类社会问题的暂时措施,而且是最好的、最终的解决办法。"

"如果两个国家的账目不能平衡,你们又怎么办呢?"我问。"譬如说,我们从法国输入的货物超过我们对这个国家的输出。"

"在每年年底,"医生答道,"每个国家的账目都要进行审核,如果法国欠了我们的债,我们可能亏欠某个对法国负债的国家。同其他国家也一定有这种情况。在我们的制度下,账目经过国际委员会的结算以后,收支余额不会太大。不论亏欠或盈余,国际委员会要求每隔几年结算一次,如果数额太大,也可能随时提出结算,因为我们不希望任何一个国家对另一个国家负债太多,以免产生不利于国际和睦的情绪。为了进一步避免这种情况,国际委员会对各国交易的货物进行检查,以保证这些货物的最佳质量。"

"但是,你们既然没有货币,最后又根据什么来结算国际贸易的收支余额呢?"

"用各国的主要产品来结算;根据建立贸易关系以前所达成的

协议,决定结算时应该接受哪些主要产品,并占什么比例。”

“另外,我还想问一点,就是移民的问题,”我说。“现在每个国家都组织得像一个严密的生产组合,独占了国内的一切生产资料,因此,即使允许外国移民入境,这个人也会饿死的。我看现在也许没有移民了吧。”

“恰恰相反,我们经常有移民。我想,你所说的移民是指迁到外国永久居住吧,”利特医生答道。“这是按照一项简单的国际偿付协定处理的。譬如说,有一个人在二十一岁的时候从英国移居到美国来,从英国方面来说,它损失了对这个人所花的生活维持费和教育费,而美国则凭空得到一个劳动力。因此,美国就得把费用偿还英国。同一原则,虽因不同情况而有所差别,却能普遍适用。如果这个人在迁居时即将到达退休年龄,收容他的国家就可以得到津贴。至于神经不健全的人,如果他们迁居,则必须由原有国家充分保证其生活供应。大家认为最好由每个国家自己对他们负责。除了这些规定的限制外,任何人在任何时候都有权迁居,不受限制。”

“可是单纯的游览旅行和参观访问,又怎么办呢?如果一个国家的人民不使用钱币,而他们自己享受生活供应的条件又不适用于异邦人,那么在这样的国家里,一个异邦人又怎能旅行呢?他本人的取货证在别的国家里当然无效了。这样,他怎能不靠借债生活呢?”

“一份美国取货证,”利特医生回答,“正像从前的美金那样,在欧洲也是通用的。从前美金可以兑换成旅行所在地国家的货币,现在取货证也完全一样。一个在柏林的美国人可以把他的取货证拿到当地国际委员会的办事处去，全部或部分换成德国的取货证，这笔费用通过国际转账，就由美国偿付德国。”

*　　　*　　　*

“也许韦斯特先生今天高兴到‘人象’去吃晚饭吧，”当我们离开餐桌时，伊蒂丝说道。

“这是我们给我们这一区的公共食堂取的名字，”她的父亲解释道。“昨天晚上我曾说过，我们的伙食不但由公共厨房供应，而且在食堂吃饭，招待会更周到一些，饭菜的味道也更好一些。每天早午两餐，一般都在家里吃，免得出门麻烦；不过晚餐总到外边去吃。从你来了以后，我们就没有这样做了，那时觉得最好等你熟悉一些我们的生活再说。你看怎么样？今天到餐厅里去吃晚饭，好吗？”

我说，我是非常高兴去的。

过不多久，伊蒂丝跑到我跟前含笑说道：“昨天晚上，我一直在想，用什么办法能使你觉得住在这里就像住在自己家里一样，好让你更了解我们，更熟悉我们的生活方式，结果我想出了一个主意。如果我把你介绍给你同时代的几位很有风趣的人，而且我相信是你一向很熟悉的人，你觉得怎么样？”

我含糊答应着，说这当然很好，可是我不明白她怎么能办得到。

“跟我来，”她微笑着，“看看我说的话是不是能办到。”

由于受到太多的震惊，我对于意外事件的敏感性已经很麻木了，不过还是怀着几分惊疑的心情，跟她走进一间从未到过的房间。这是一间小巧舒适的房间，四周都是摆满书籍的书架。

“你的朋友们都在这儿，”伊蒂丝指着其中一个书架说道。我一眼望去，看到书脊上的一些名字：莎士比亚、密尔顿、华兹华斯、雪莱、丁尼生、笛福、狄更斯、萨克莱、雨果、霍桑、欧文，以及其他二十来个在我那个时代以及任何时代都可以称为伟大作家的名字，这时我领会到她的意思了。在某种意义上，她的诺言确实是兑现了，因为对比之下，如果她真把我的老朋友找来，那倒反会使我失望了。她替我介绍了一群朋友，而我从上次同这些朋友相处以来，已经隔了一个世纪，但在这段时间里，我和他们都一点也没有衰老。我觉得他们的精神还是那么崇高，他们的才智还是那么敏锐，他们的欢笑和哭泣还是那么令人感动，这和我在前一世纪中欣赏他们作品时的感觉完全一样。不管我和自己过去的生活在时间上有多大一段距离，只要有了这些好伴侣，我就不寂寞了，也不可能再寂寞了。

“我把你带到这里来，你高兴吧？”伊蒂丝笑容满面地大声说，因为她从我的神色上看出她的尝试成功了。“这是不是一个好主意，韦斯特先生？你看我多么笨，以前就没想到这点！现在，就让你同你的老朋友们在一起吧，我知道目前不管谁来陪你，你都会觉得不如他们的。可是你得记住，千万不要因为有了老朋友就忘记了新朋友呀！”她笑着向我提出警告以后，便走开了。

我面前这许多人名中最亲切的一个名字把我吸引住了，于是我伸手拿起一本狄更斯的作品，坐下来看。在这个世纪——我指的是十九世纪——的作家中，他是我最喜爱的一个，在我以往的生活中，我很少有一个星期不拿他的某本作品来消遣的。我所熟悉的任何一本书，在我现在的环境中读来，都会给我一种奇异的印象。我对狄更斯作品特别熟悉，而这些作品又能使我联想起以前的生活，因此，他的作品便有一股力量，能够通过对比的方式来加深我对目前环境的那种新奇的感觉，这股力量是其他作品无法比拟的。但是不论一个人的环境多么新奇，由于一般人的倾向都是很快就为环境所同化，因此，他几乎一开始就会失掉客观观察环境和充分判断新奇事物的能力。对我说来，这种能力本来是已经麻木了，但是狄更斯的作品却使它恢复正常，因为通过这本作品所描绘的事物，我又恢复了以前的观点。现在我用一种以前不可能有的透彻的眼光来观察过去和现在，就像观察两张放在一起对比的照片一样。

这位十九世纪伟大小说家的天才，就像荷马的天才那样，确实能够经受时间的考验；可是他所描写的凄恻故事的背景、穷人的悲惨遭遇、权贵的罪恶、社会制度的残酷无情等等，都像萨尔西[①]和萨伦[②]、凯里布笛斯[③]和赛克罗普斯[④]那样，已经一去不复返了。

我坐在那里有一两个钟点，面前摆着狄更斯的小说，其实只不过看了几页。书中的每一段、每一句都启示了业已实现的世界变革中的某些新面貌，使我陷入了沉思遐想。我在利特医生的图书室里这样沉思着，后来当我对自己通过如此奇异的方式而看到的

① 萨尔西(Circe)，荷马所作《奥德赛》中的妖女，曾把尤列西斯的伙伴变成猪。——译者

② 萨伦(Siren)，荷马所描写的半人半鸟的海妖，常用美妙歌声诱杀经过附近的海员。——译者

③ 凯里布笛斯(Charybdis)，荷马史诗《奥德赛》中的怪物，据说是指意大利墨西拿(Messina)海峡巨岩对过的大漩涡。——译者

④ 赛克罗普斯(Cyclops)，荷马传说中的独眼巨人。——译者

宏伟景象逐渐有了一个更清晰更完整的概念时，我对命运那种像是玄妙的安排，深深感到惊异，因为它竟给予一个无权享受或毫不相干的人以一种权力，使他在同代人当中能够单独在近代的新世界上生存下去。我不像左右的许多人那样，他们不顾蠢人的讥笑和好心人的误解，不但预见过这个新世界，而且为它尽过力量。真的，如果能让那些具有先见的、艰苦奋斗的人们之一看到自己理想的实现并感到满足，应该说是更合理的了。例如他就屡次预见到我所看见的这个世界，而且以诗歌加以颂扬，这绝不是我能同他相比的。这些诗歌，在最近这些离奇的日子里，一再在我心中回响：——

我凭借人类最远大的眼光，向未来展望，
看到了世界的远景和一切将要出现的奇迹；
一旦战鼓停息，军旗偃藏，
人类的议会厅里将出现世界联邦。

那时依靠大众的良知，在这块国土上不再有人愁伤，
慈爱的大地怡然沉睡，人们在同一法律下共享自由。

我从不怀疑，一个永恒的信念一代比一代增强，
人们的思想随着时光的消逝将愈益明朗。

尽管他在晚年，像先知们通常在消沉和疑虑的时刻所表现的那样，曾经一度对自己的预言失去信心，那也未可厚非，因为他留下的语言却永久证明了一个诗人心中的预感和充满信念的远见。

我一直逗留在图书室里，几个钟点以后，利特医生来找我了。

“伊蒂丝把她的主意告诉我了,”他说,“我觉得这办法很好。我在猜,你会先看哪个作家的书。啊,狄更斯!那么,你喜欢他啰!我们现代人在这点上也和你一样。根据我们的标准来判断,他比他同时代的所有作家都更伟大。这不是因为他的文学大才最高,而是因为他的伟大心灵是和穷苦的人们息息相通的,并且把拯救社会牺牲者的任务当作自己的责任,用他的笔来揭露社会的残酷和虚伪。在那个时代,没有一个人能像他那样作过那么多的努力,使人们注意到旧制度的荒谬和悲惨,使人们睁开眼睛,认识到正在到来的巨大变革的必然性,尽管他本人在这方面也还没有十分清晰的预见。”

第十四章

这天白昼,猛烈的暴风雨大作,我猜想街道一定泥泞难行,因此,尽管我知道餐厅离开这里并不很远,我的主人大概非打消出外晚餐的计划不可了。快到吃晚饭的时候,出乎意料之外,我发现利特太太和伊蒂丝都准备好要出去了,可是既没穿胶鞋,也没带雨伞。

当我们走到街上的时候,我的疑团消除了,因为沿街都放下了连接不断的防雨顶篷,人行道全被遮盖起来,变成了一个灯光明亮、地面干燥的走廊。在这个走廊里,穿着晚宴服装的男男女女川流不息。在街道转角地方，全部上空也都同样遮盖着防雨顶篷。我和伊蒂丝走在一起。我告诉她在我那个时代的波士顿，每逢刮风下雨，街道十分难走，人们只有打着伞、穿着雨鞋和雨衣才能通行。这些话似乎使她感到很大兴趣，好像从来没有听到过似的。“你们根本不用顶篷来遮盖人行道吗？”她问。我解释说，虽然也用顶篷，不过那是私人设备，所以零星分散，毫无系统。她告诉我，现在所有街道都有像我看到的那种设备，以防恶劣的气候，不需要的时候就可以把这种顶篷卷起来。她告诉我，如果人们让气候限制了他们的社会活动，那就应该说是他们极端无能的一种表现。

走在前面的利特医生听到了我们的一些谈话，转过身来说，他认为个人主义时代和集体协作时代之间的显著区别就是：在十九世纪，波士顿人遇到下雨天，在三十万人的头上撑起了三十万把雨伞，而在二十世纪，他们只张开一把雨伞，就可使大家不致淋雨。

我们继续往前走，伊蒂丝说，“爸爸最喜欢拿个人撑伞的例子来比喻从前个人只顾自己和自己家庭的生活方式。在艺术馆里有一幅十九世纪的画，画中许多人站在雨里，个人撑着一把雨伞遮住自己和他的妻子，而让身旁的人饱受雨淋。爸爸认为这一定是画家有意讽刺那个时代的。”

这时，我们走进一个大厦，络绎不绝的人群也正往里面涌进。因为雨篷的缘故，我看不清建筑物的正面，不过内部的装饰甚至比前一天我去参观的商店还要漂亮，由此可见外表必定是富丽堂皇的了。我的同伴说，大门上方的一群雕像特别受人欣赏。我们走上宏伟的大楼梯，沿着一条宽阔的走廊走着，两边有许多通向走廊的门。不多一会儿，便到了一个房间，门上写着我的主人的名字。

我们走了进去，看到这是一间很雅致的餐室，室内放着一张桌子，可供四人用膳。窗户对着一个庭院，院中喷泉喷得很高，音乐也很动人。

“你们在这儿好像一点也不拘束似的，”我说，这时我们大家已经在桌边坐了下来，利特医生按了一下铃，通知客人已经来到。

“其实，这是我们住宅的一部分，不过同其他房间略微隔得远一点罢了，”他回答。“这个区里每户人家只要每年缴纳很少的租金，就可以在这个大厦里占有一个房间，长期独家使用。另外一层楼是专门招待过往客人和单身男女的。如果我们想在这儿晚餐，头天晚上就把菜单送来。根据每天报上的报道，凡是菜场里卖的菜都可以挑选。饭菜的丰盛或简单悉听自便，不过各种饭菜比在家里准备当然要便宜得多而且好得多了。事实上，我们这一代人对于人家替我们准备好的那种精美可口的伙食，是再喜欢不过的了。我承认，我们对于自己在这方面获得的成就是有点自豪的。唉，亲爱的韦斯特先生，尽管你们的文明还有其他更悲惨的方面，然而我认为你们非吃粗粝的伙食不可，倒是一件最令人苦恼的事情。当然，我指的是所有你们那些没有钱的人。”

“你会发现，我们谁也不会反对你这种意见的。”

这时，一个侍者进来了。他是一个漂亮的小伙子，穿着一身制服，式样和一般服装略有不同。我注视着他，因为这是我第一次能有机会来详细观察一个在生产大军里服役的人的举止。根据我以前所听到的说法来判断，这个年轻人一定受过高等教育，而且在社会地位和其他方面也一定同他所招待的那些人完全一样。但是，可以看得很清楚，他们任何一方都丝毫没有忸怩不安的样子。利特医生和这位年轻人说话的语调，当然好像一位绅士那样不亢不卑，而年轻人的态度只是一心想把自己分内的工作做好，既不怠慢，也不奉承。事实上，这是一个士兵值班的态度，只不过没有军人的严肃作风罢了。这个小伙子出去以后，我说，“看到这样一个年轻人能安心地做这种下贱的工作，我真觉得十分奇怪。”

“什么叫‘下贱’？我从来没有听见过这种字眼，”伊蒂丝说。

“这种字眼现在已经过时啦，”她的父亲说道。“如果我没有理解错，这是指那些替别人去做特别无聊而又特别讨厌的工作的人，含有轻蔑的意思，是不是这样呢，韦斯特先生？”

“差不多，”我说。“在我那个时代，侍候别人，例如侍候别人吃饭，就被人看成是下贱的，会受到鄙视。因此，有文化教养的人们宁愿忍受贫困而不愿屈身去做这种工作。”

“这是一种多么虚伪的观念啊！”利特太太惊讶地叫了起来。

“可是这种工作总得要有人来做啊！”伊蒂丝说。

“当然啰，”我答道。“不过，我们迫使穷人来做这些工作，他们不做就只好饿死。”

“你们把沉重的担子压在他们身上还嫌不够，又加以侮辱，”利特医生评论道。

“我觉得还不大明白，”伊蒂丝说。“你的意思是不是说，你让别人替你做事，而你却因为他们做了这样的事，反倒瞧不起他们；还是说，你对别人替你做的那些事情感到满意，可是你自己却不肯替别人去做这些事情呢？你总不会是那种意思吧，韦斯特先生？”

我不得不告诉她，实际情况正如她所说的。这时候，利特医生又来替我解围了。

“要弄清伊蒂丝为什么会感到奇怪，”他说道，“你就必须了解我们现在有这样一种道德准则：如果人家替我们服务，我们接受了，到时候人家需要我们同样的服务，我们却不情愿，那就无异是借了人家东西故意不还；至于利用别人的穷困和不得已，强迫别人来替我们做这种工作，那简直就是强盗的行径了。任何制度，如果把人们分成若干阶级和等级，或是听任他们被划成这样，那么，这种制度的最大缺点就在于它削弱了一种博爱的观念。财富分配的不均，以及影响更大的文化教育机会的不平等，把你们当时的社会分成了若干阶级，这些阶级在很多方面彼此视若异族。现在对于这个服务问题的看法，在我们之间可能产生的那种分歧已经不存在了。你们那个时代的高尚的女士和先生们，对于自己不屑做的工作，也不让本阶级的人替他们去做，正如我们不允许任何人去做这类工作一样。可是他们却把贫穷和没有文化的人看成是和他们自己不同的一类人。现在所有的人都享有同等的财富和同等的文化机会，单凭这点就使得我们大家都成为同一阶级的成员，而这个阶级的生活也比得上你们最幸福的阶级的生活。当这种平等的条件尚未实现以前，所谓人类的团结一致、即‘四海之内皆兄弟’的观念，绝不可能像我们现在这样，成为真实的信念和实际的行动准则。在你们那个时代，确乎也谈这些话，但不过只是空话而已。”

“这些侍者也是自愿参加的吗？”

“不，”利特医生回答。“侍者们都是生产大军中还没有确定等级的青年，他们被派去担任各种不需要专门技术的工作。侍候别人吃饭，就是其中之一，每个年轻的新手都得试试这种工作。大约四十年前，我自己就在这个食堂里做过几个月侍者。我得再提醒你一次，人们都承认，国家所需要的各种工作都值得尊重，在这方面是没有区别的。一个人绝不会因为侍候别人而被人看成是仆役，同时他自己也不这样看，而且他也绝不需要依赖别人。他只是为国家服务。一个侍者的职务和从事任何其他工作的人的职务是没有区别的。他的工作是侍候别人，这在我们看来是无关紧要的。一个医生的工作也是如此。如果我因为这个侍者侍候我而鄙视他，那么他今天也就会因为我曾经替他治过病而瞧不起我了。”

晚餐后，我的东道主引导我参观这座大厦。大厦内部宽敞，建筑精美，装饰华丽，使我感到惊讶。根据这些情形看来，这座大厦不但是一个餐厅，也是本区的一个规模宏大的文娱社交场所，一切娱乐消遣的设备似乎应有尽有。

“在我们第一次谈话过程中，当你眺望这个城市时，”利特医生看到我露出惊羡的神色，便说道，“我跟你说的那些话，你在这里都可以得到证实了吧。当时我曾谈过我们豪华的公共集体生活和朴素的私人家庭生活的对比，以及二十世纪和十九世纪在这方面的不同。为了省去无谓的麻烦，我们尽量减少家里的摆设，只求其舒适，但在社会生活方面，一切都是前所未有的那么富丽堂皇。所有的产业工会和专业工会都有这种规模宏伟的俱乐部，并且在乡间、山上和海滨都盖了别墅，让大家在假期到那儿去消遣和休养。”

附注：在十九世纪后期，国内有些大学的贫苦青年学生通常利用悠长的暑假到旅馆充当餐厅侍者，赚一点钱来付学费。当时持有时代偏见的评论家却硬说自愿去做这类工作的人是不高尚的。为了答复这种论调，有人宣称这些青年应该受到表扬，因为他们以身作则，证明一切正当而必须的劳动都是值得尊重的。这种议论的出现，证明我以前的同一代人思想的普遍混乱。侍候别人用膳的工作，正如当时许多其他谋生之道一样，并不需要辩护，但是，如果认为在当时的社会制度下，任何一种劳动都受人尊敬，那也是荒谬的。出卖劳动力以换取最高的代价，在任何情况下都不比出卖货物换取应有代价显得更加高贵。两者都是用商业标准来衡量的商业行为。工人用金钱为自己的劳动定了价格，于是便同意让人们以金钱来衡量他们的劳动，而放弃了一切用其他标准来衡量他们劳动的要求。由于这种定规，最高贵、最圣洁的工作都沾染了这种低卑的污点，尽管慷慨之士痛心疾首，却也无能为力。不论一个人的工作性质如何超然物外，它却毫无例外地需要在市场上善价待沽。正如从事其他工作的人一样，医生治病必须卖钱，教士布道也要卖钱。揣测上帝意旨的先知者，必须把他得到的启示来换钱，诗人也要在出版商当中叫卖他的灵感。如果有人问我，这个时代和我出生的时代相比，最明显而又值得庆幸的事是什么，我一定会说，照我看来，就是你们没有把劳动定出价钱，永远取消了市场，从而使劳动获得应有的尊严。你们要求每人各尽所能，从而把上帝当做分配工作的主宰，你们把荣誉作为各种成就的唯一报酬，从而使一切工作都带有我们当时士兵服役所独有的特点。

第 十 五 章

我们一路参观，来到了图书馆，看到里面摆着的华丽皮椅，怎么也舍不得离开，于是，就在一个满是书架的角落里坐下来休息，闲谈了一会儿。[①]

“伊蒂丝告诉我，你整个早晨都待在图书室里，”利特太太说道。“你知道吗？韦斯特先生，在我看来，你是最叫人羡慕的人啦。”

① 如果同十九世纪公共图书馆那种令人难以容忍的管理制度相比，二十世纪公共图书馆的可喜的自由风气，真使我赞赏不止。在十九世纪的管理制度下，书籍被收藏起来不让人接近，生怕遗失。如果借书，就得费很多时间并忍受官样文章的麻烦，其目的是要有意挫伤一般人读书的兴趣。

“我倒想知道究竟是为了什么，”我回答。

“因为近一百年来的书籍对你说来都是新的，”她答道。“即使你在今后五年中连吃饭时都手不释卷，恐怕也看不完这么多引人入胜的文艺作品哩。唉！要不是我已经读过贝里安的小说，那我真不知道要替你介绍谁的书才好哩。”

“还有纳斯密的哩，妈妈，”伊蒂丝插了一句。

“对啦，还有奥德斯的诗，或《过去和现在》，或《开始的时候》，或者，——啊，真的，我可以说出十几本书名来，每本都值得你读一年，”利特太太热情地发表了意见。

“这样看来，这个世纪出了不少有名的文艺作品啦。”

“不错，”利特医生说。“这是一个空前未有的文化灿烂的时代。像本世纪初期从旧制度转为新制度的那种精神上和物质上的进步，范围极其广阔，所费的时间又极其短促，这也许是人类从未经历过的。当人们开始体会到摆在他们面前的巨大幸福，体会到他们所经历的变革不仅改进了他们环境中的琐事，而且把人类提高到一个具有无限发展前途的新的生活阶段时，他们整个心灵受到了激励。在中世纪文艺复兴时代，人们的那种奔放的热情仿佛同这相近，但确实还不能相比。于是便出现了一个科学技术的发明创造与艺术、音乐和文学的创作时代，这是世界历史上以前的任何时代都无法相比的。”

“对了，”我说，“谈到文学，现在的书籍是怎样出版的呢？也是由国家经营的吗？”

“当然啰。”

“可是你们怎样经营呢？政府对于送来的一切稿件都照例用

公费出版呢，还是需要进行审查，只出版它所批准的稿件？”

“你说的两种情况都不是。出版部门没有审查权。凡是送来的稿件都得出版，不过条件是作者必须从他的一年配给中付出第一次出版费。他想要大众阅读他的作品，就得付出代价，如果他确有什么值得人们听取的意见，我们相信他也会高兴这样做的。当然，假使像旧时代那样，人们的收入不同，这种规定就只能使有钱的人成为作家了，但是现在公民们的收入相同，这就完全要看作者是否有决心了。人们出版一本普通书籍的费用，可以通过俭省和某种节约办法从一年的配给中省出来。书籍出版以后，就由国家负责出售。”

“我想作者也像我们当时那样，要收一笔版税吧，”我又这样提了一句。

“这同你们当时的情况当然不一样，”利特医生回答，“不过也有一点是相同的。每本书的价格是印书的成本加上作者应得的版税。作者可以任意决定版税的数目。当然，如果他不合理地把版税定得太高，他自己就会受到损失，因为书籍会卖不出去。版税的数目记入他的配给账上，只要按照一般公民生活享受标准发的这种配给能够维持他的生活，他就不必在其他方面为国家服务了。如果他出版的书相当成功，他就可以得到几个月、一年以至两三年的休假，在这个时期，如果他又写出了其他成功的作品，他就可以根据书的销路，相应地延长免除其他服务的期限。受人欢迎的作家能够在整个服务期内用他的笔来维持自己的生活，同时通过舆论的评断，任何一个作家写作能力的高低就成为他能够获得多少时间从事文学创作的衡量标准。在这方面，我们这套办法的结果和你们那个时代并没有多大不同，不过也有两个显著的差别。第一，现在教育水平普遍很高，因此舆论能对文学作品的真正价值作出明确的评断，这在你们那个时代是绝对不可能的。第二，现在没有任何徇私偏袒的情形，不致影响真正优秀作品的鉴定。每个作家都有完全相同的机会，把自己的作品提供给大众评鉴。根据你们那个时代作家的怨言来看，他们一定会十分珍视这种完全平等的机会的。”

“在音乐、美术、发明和设计等其他需要天才的部门中，我想你们也是根据类似的原则来奖励人们所获的成功的，”我说。

“是的，”他答道，“不过在细节方面并不一样。例如在艺术方面，正如在文学方面一样，人民是唯一的鉴定者。他们决定是否采用为公共建筑所设计的塑像和绘画。他们的好评可以使一个艺术家脱离其他工作，集中精力从事自己的专业。一个艺术家可以根据卖出的作品得到像作家出售书籍所得到的利益。在所有这些需要天才的专业中，我们都采取同一办法——给有志者以发展的园地，当他们突出的天才一旦得到承认，我们就替它解除一切束缚，让它自由发展。我们在这些事情上允许他们可以不在其他方面服务，这并不是对他们的一种奖励或报酬，而是作为一种手段，使他们能够作出更多更好的贡献。当然，也有各种文学、艺术和科学的组织，接纳知名之士担任成员，这种资格受到人们极大的重视。全国最高的荣誉是红绸绶带，通过人民的表决给予当代伟大的作家、艺术家、工程师、医生以及发明家们，这种荣誉比担任总统的荣誉还高，因为总统职务所要求的条件只是具有良知和忠于职责。能够佩戴上这种红绸绶带的，每次总不超过一定人数，可是全国每一

个聪敏的青年因为梦想得到这种荣誉常常睡不着觉，甚至连我也有过这样的经验。”

“听你说来，好像妈妈同我会因为你得到绶带而更重视你似的，”伊蒂丝大声说道。“当然，我并不是说，这不是一件体面的事。”

“亲爱的，对于你的父亲，你没有选择的余地，只好承认事实，同他凑合下去，”利特医生答道，“但是对于你的母亲来说，如果我当时不向她保证自己一定可以得到红绸绶带，或者至少得到蓝绸绶带，她是绝不会要我的。”

对于这种夸张的说法，利特太太只是报之一笑。

“你们对于期刊和报纸又怎样经营呢？”我说。“我不否认，你们的书籍出版制度倾向于鼓励真正的文学创作事业，而且同样重要的是防止粗制滥造的作家。从这两方面来说，要比我们的制度好得多了；可是我不明白，你们怎样能使这种制度适用于杂志和报纸的出版。要一个人负担一本书的出版费是很合理的，因为他只是偶尔支出这样一笔费用；可是谁也负担不起一年到头的报纸出版费。我们那个时代的私人资本家要办报纸，也得大掏腰包，而且即使这些人也往往会在赢利以前把本钱花得一干二净。如果你们确有报纸，我猜想，一定依靠政府的公费出版，聘用政府的编辑人员，反映政府的意见。还有，如果你们的社会制度确实十全十美，在处理公务方面绝对没有什么缺点可以批评，那么这种做法也许可以适用。否则，由于缺少一种独立的、非官方的工具来反映公众的意见，我看一定会造成很不幸的后果。老实说，利特医生，自由的报刊出版制度及其一切特点，确是从前资本掌握在私人手中的旧制度下的差强人意之处，而你们尽管获得了其他方面的成就，恐怕也不得不承认这方面的损失吧。”

“我怕连这点安慰都不能给你，”利特医生笑着回答。“首先，韦斯特先生，报刊并不是对公共事务提出严肃批评的唯一的或者在我们看来是最好的工具。按照我们的看法，你们报纸关于这种题材的论断往往流于浅薄轻率，而且浓厚地带着偏激和怨怒的论调。如果这些报纸只不过反映舆论，那么，它们会使人对于公众的才智产生不良的印象；如果它们终于能造成舆论，这对国家也不会有什么好处。现在，当一个公民希望就公共事务的任何一方面来认真影响社会舆论，他就可以像出版别的书籍一样出版一本书或小册子。不过，这并不是因为我们缺乏报纸杂志，也不是因为它们缺少充分的自由。我们使得现在的报刊比你们当时的报纸更完善地反映公众的意见，因为你们当时的报刊出版事业，在私人资本的控制和经营下，首先被当作一种赚钱的业务，其次才当作人民的喉舌。”

“但是，”我说，“如果政府用公费来办报，它怎能不控制报刊的方针呢？除了政府以外，又有谁来委派编辑人员呢？”

“政府并不负担报纸的费用，也不委派编辑，也绝对不会对报纸的方针产生丝毫影响，”利特医生答道。“而是由订阅报纸的人民负担报纸的出版费，选择编辑人员，并在他们不称职时加以撤换。我想，你不会说这样的报刊出版事业不是一个代表舆论的自由机构吧。”

“我绝不会这样说，”我回答，“但是，又怎样来实行这种办法呢？”

“再简单也没有了。譬如说,我的几个邻居或者我自己,觉得该有一份报纸来反映我们的意见,并专门报道我们本地区、本行业或专门职业的情况,我们便四出访问群众,征集赞助者的签名,等到他们的年度预订费足够维持开支时,报纸就可以创办了。至于报纸规模的大小,根据订户多少而定。预订费的数目从各订户的取货证上扣除,以保证国家不致因发行报纸而遭受损失。国家的工作,你知道,仅仅是一个发行人的工作,在这方面它不能拒绝承担应尽的职责。这时候,报纸订户便选举某人来当编辑。如果这个人接受了这个职务,在他任期内就可以不担任其他方面的工作。订户不像你们当时那样给他薪金,而是为了要他脱离一般工作,便偿付国家一笔款项,数额与他所花的生活费相等。他就像你们当时的编辑那样办报,不过他却不要听从账房的命令,也不必替私人资本利益进行辩护以反对公共利益。当第一年终了,下年度订户可以重选前任编辑,或另选他人接替。一个能干的编辑当然会无限期地连任下去。随着订户的扩大,报纸的经费也就会增加,并且由于获得了更多、更优秀的投稿人,报纸也会得到改进,这和你们当时的情况是一样的。”

“既然你们没有钱币可以付给投稿人,又怎样给他们报酬呢?”

“编辑和投稿人议定稿件应得的报酬。这笔款数就从报馆的保证配给额中划到投稿人个人的配给额中。另外,他们就像其他作家那样,可以根据所得的配给多少获得相应的写作假期。至于杂志,它的制度也是一样的。那些有兴趣想办一份新期刊的人们,要保证所收的订阅费足够维持一年的开支;选出他们的编辑,由编辑付给投稿人稿费,正和办报的情况一样,同时出版部门也照例提供必须的人力和物力。当人们不需要某一编辑继续工作，而他又不能通过其他文字工作来享受创作假的权利，他只能回到生产大军中原来的工作岗位。我得补充一下，虽然编辑通常都只在年终选举，并且照例任职若干年，不过，假如他突然改变了报纸的论调，按照规定，也可以根据定户的意见，随时将他撤换。”

“如果我没有听错的话，”我说，“那么，除掉你提到的两种办法以外，不管一个人怎么渴望有研究或思考的时间，他也不可能脱离固定的职业了。他必须通过文学艺术的创作或发明创造，来补偿国家由于他脱离一般工作而受到的损失，否则，就非有足够人数的资助来补偿这种损失不可。”

“千真万确，”利特医生答道，“我们现在没有一个身强体壮的人能够逃避自己分内的工作而依靠别人的劳动来生活，不论他自己美其名曰学者也好，或自认懒惰也好。同时，我们的制度又有充分的伸缩性，人们的一切天赋本能只要目的不在于统治别人或依靠别人的劳动成果生活，就可以得到自由的发展。同时不仅可以用补偿的办法而且也可以用克己节俭的办法来免除一般的工作。任何人到了三十三岁，即服务期满二分之一的时候，只要他愿意此后只领取别人收入一半的生活费，就可以光荣地退出生产大军。这个数目足以维持他的生活，然而生活中某些奢华和风雅的享受，甚至某些舒适的东西却不得不加以放弃了。”

那个晚上，当她们离开的时候，伊蒂丝给我一本书，说道：“韦斯特先生，假使今晚你睡不着，也许你会有兴趣把贝里安写的小说浏览一下。人们认为这是他的杰作，至少可以让你了解一下现代小说是个什么样子。”

那晚，我坐在房里阅读《本塞西利亚》这本小说直到东方发白，不看完毕不忍释手。可是，我希望这位二十世纪伟大小说家的崇拜者不会因为听了我的话生气，我觉得初看此书，给我印象最深的倒不是书中描写的东西，而是书中没有谈到的东西。我那个时代的小说家一定都认为，世界上最困难的事情莫过于创作这样的小说，在这种小说里，不包含贫与富、知识与愚昧、粗鲁与高雅、尊贵与卑贱对照下的一切影响，也不包含由于社会荣誉感和野心而产生的一切动机、对金钱的追求、对贫穷的恐惧以及为自己和别人而产生的各种卑下的渴望；在这种小说中，确实还应该有丰富的爱情内容，但这种爱情却不会遭到由于地位不同和贫富悬殊而产生的那种人为障碍的损害，也不会为任何事物所左右，而只是出自真心相爱。在了解二十世纪社会全貌方面，我读《本塞西利亚》这本书，要比听到不管多少的解释都更有价值。利特医生所告诉我的情况，确实涉及广泛的事实，不过这些事实只给我很多零碎的印象，直到现在还不能很好地使我融会贯通。贝里安却替我把它们绘成了一幅图案。

第 十 六 章

第二天早晨，我在还没有到早餐的时候就起床了。当我下楼时，伊蒂丝从房里走进大厅来，这间房就是我们那天早晨相会的地方。我在前面有一章里，曾经叙述过会见的情况。

“好啊!”她喊道，露出了一种又调皮又动人的表情，“你又想一个人早上偷偷溜出去乱跑啦。你上次乱跑一阵，后来够呛吧！可是你看，这回我一大早就在等着你啦。你被我当场逮住了。”

“你以为这样出去走走还会坏事，那你不是连自己给人治病的本领都不相信了吗?”我说。

“我很高兴听到你这话，”她说。“我正在这里插放早餐桌上的瓶花，就听见你下来了。从你下楼梯的脚步声听来，我猜想你打算偷偷地干些什么似的。”

“你真冤枉人了，”我答道。“我根本没有想出去。”

尽管她竭力想造成一种印象，表明她只是碰巧拦住了我，可是当时我总有点疑心。后来我弄清了真相，原来这可爱的姑娘自命为我的保护者，在前两三天早晨一大早就起来，防备我万一又变得像上次那样精神失常，可能又独自出外游荡。我要帮她布置早餐桌上的花束，她答应了，于是我跟她回到原先她走出来的那间房里去。

“那天早上你产生的那些可怕的感觉，”她问道，“你敢说现在都已经完全摆脱了吗?”

“我得坦白承认自己有时还会感到十分反常，”我回答，“连我自己是谁也弄不清楚。如果希望我经过这番波折以后绝对不会产生这种感觉，那也未免要求过高。那天早晨我的神经都快要错乱了，像这样的危险，我想现在不会再发生了。”

“我永远不会忘记你那天早上的神气，”她说。

“如果你只是救了我的命，”我接着说，“也许，我还能找到言辞来表示我的感激，但是你所挽救的却是我的理智，因此，不管我说什么，都无法表达我对你的感激。”我激动地说着，她的眼睛也突然润湿了。

“你说得太客气了，”她说，“不过，你这么说，我倒是很高兴的。我做的事情不值一提。可是我知道，我那时为你感到非常难受。爸爸一向认为，凡是能用科学解释的事情都不应该引起我们的惊讶，我想你这种长期的睡眠也同样可以用科学来解释的，但是对我来说，不要说真的处在你那样的地位，只要设想一下也就会头晕了。我知道自己是绝对受不了的。”

“那也得看，”我回答，“你在紧要关头是不是像我那样也有一位可爱的人儿用她的同情来支持你。”面对着这个温柔可爱的姑娘，像天使那样对待我的姑娘，如果我脸上流露出油然而生的情感，那在当时就一定是充满了敬慕的表情。也许是我的表情，也许是我说的话，也许是两者加在一起，使她这时低垂眼帘，脸上泛起一阵可爱的红晕。

“关于那件事情，”我说，“即使就感受来说你不像我那么震惊，然而当你看到一个属于另外一个世纪而且显然已经死去一百年的人又活了起来，想必也会大吃一惊的！”

“起初，这件事情确实叫人感到离奇得难以形容，”她说，“但是等我们设身处地想了一想，认识到你对这件事情必然会感到更加离奇的时候，我想我们已经把自己的感觉淡忘大半了，至少我觉得自己是这样的。因此我们就不感到那么惊奇，只觉得比以前听到的任何事情更有趣、更令人感动罢了。”

“可是，既然我是这样一个人，你们同我一起坐在餐桌边，难道不吓坏了吗?”

“你不要忘记,我们对你并不感到那么陌生,而你对我们却一定会觉得很陌生了,”她回答。“我们是属于你当时无法想象的一个未来时代的人,也是在你没有亲眼看到以前毫不了解的一代。而你和我们的祖先却是属于同一时代的人。你那个时代的一切情况,我们完全了解,你那个时代的许多人名,也是我们家喻户晓的。我们曾经研究过你们的生活方式和思想方法;你的一切言论和行为,绝不会使我们感到惊奇,可是,不管我们说什么,做什么,都处处会使你觉得新奇。所以你看,韦斯特先生,假使说,你认为过些时候才能同我们熟悉起来的话,那么你一定不会奇怪,为什么我们一开始就一点也不觉得你陌生。”

“我没有这样想过,”我答道。“你说的话确是意味深长。一个人回顾一千年,要比展望五十年容易得多。在回忆中,一个世纪以前的事并不是很远的。我也许认识你的曾祖父母。也许,我真认识他们。他们住在波士顿吗?”

“我想大概是吧。”

“那么说,你不太清楚吗?”

“不太清楚,”她答道。“喔,我想起来了,他们是住在波士顿的。”

“我在波士顿认识许多朋友,”我说。“说不定我认识或者知道他们中间某些人。也许我还和他们很熟哩。要是我碰巧能把你曾祖父的一切情况告诉你,那不是很有趣吗?”

“很有趣。”

“你熟悉你家的家谱吗?你的前辈,在我那个时代住在波士顿的是谁,你能告诉我吗?"

"噢,我知道。"

"那么,你看什么时候把他们某些人的名字告诉我吧。"

这时有个枝叶,她怎么插也插不好,她正忙着,所以没有立刻回答。楼梯上响起了脚步声,家里其他的人下楼来了。

"看什么时候告诉你吧,"她说。

早餐以后,利特医生提议陪我去参观中心货栈,看一看伊蒂丝向我描述过的那个分配机关的实际工作情形。当我们走到街上时,我说,"我在你们家里住到现在已经好几天了,我的身份一直是很特殊的,或者不如说什么身份也没有。我以前所以没有谈到这一点,是因为在其他方面还有更特殊的情况。但是现在,既然我开始有点脚踏实地的感觉,而且认识到不管怎么样,我确实是来了,既来之则安之,所以必须把这点意思告诉你。"

"谈到你在我家作客,"利特医生回答,"请你不要因此而有什么不安,因为我还想留你住很久哩。尽管你很谦虚,你也可以体会到,大家对你这样一位客人,真是如获至宝,舍不得放你走的。"

"谢谢你,医生,"我说。"目前我受到你这样一位主人的款待,如果再假装客套的话,那就太不近情理了。要是没有你的帮助,我在那个活坟墓里会一直躺到世界的末日。可是,假如要我成为这个世纪的一个永久公民,则必须有某种地位。再说,在我那个时代,一个人只要进入那个社会,不论来历如何,他在无组织的群众中间,不会受人注意,而且只要身体强壮,就可以随遇而安,到处为家。可是现在呢,每人都是组织的一部分,各人都有一定的地位和职业。现在我是组织以外的人,不知道怎样才能参加进去;看来,除非是生长在这个组织里，或作为一个移民从别的组织移居过来，此外，似乎没有别的办法可以参加组织了。”

利特医生放声大笑起来。

“我承认，”他说，“我们的组织没有规定像你这样的情况应该如何处理，这确是缺点。可是你知道，谁也想不到，居然有人不通过一般手续到这个社会里来。不过，你也不必担心，我们会及时替你解决地位和职业问题的。直到现在，你还只是和我家里人接触，但是，你不要以为我替你保守了秘密。恰好相反，甚至在你醒来以前，你的情况已经使全国人士感到莫大的兴趣，等你醒来以后，人们的兴趣更浓厚了。由于考虑到你的神经状态不安定，人们决定最好先由我个人完全负责照料你，使你通过和我个人以及我家庭的接触，对这个重新呈现在你面前的世界能得到一些概念，然后再让你同一般居民接近。至于替你在社会上找个职业的问题，究竟你该从事什么职业，那是很清楚的。在你离开我家以后，你对国家可能作出的贡献，是很少有人能相比的。不过，在相当长的时间里，请你不要考虑离开我的家。”

“我能做什么呢?”我问。“也许你以为我懂得某种手艺、艺术或者特殊技能。明白告诉你吧，我什么也不会。我一生中从来没有赚过一块钱，也没有做过一小时工作。我身体倒强壮，也许可以做个普通工人，至于别的，可什么都不行了。”

“假使这种工作能使你发挥所长，为国家服务，那么你会看到，正如其他工作一样，它也会受到别人的尊敬的，”利特医生答道，“但是，有一个工作，你可以做得更好。十九世纪后期是我们最感兴趣的历史时期之一，关于这个时期社会情况的问题，你的学识见解当然远超过我们所有的历史家；等到有一天，你充分熟悉了我们的制度，同时也愿意把有关你们那个时代制度的一些情况告诉我们，你就会发现，某大学里正有个历史教授的席位在等着你哩。”

“太好啦！真太好啦！”我说。他提出这么一个切合实际的建议，把我由于职业问题而产生的烦恼全部消除了。“如果现代人们真对十九世纪那么感兴趣，这种工作确是我现成的职业。我想自己做任何其他工作，都没法维持生活，可是对你所说的这个职位，我确实可以毫不自负地说，是具备特殊资格的。”

第十七章

我发现货栈里的工作过程，正如伊蒂丝所形容的那样，非常有趣，并且，对于完善的组织能使劳动效率提高许多倍的惊人实例，十分赞赏。这里正像一个巨大的磨粉机，从火车和轮船运来的货物不断从漏斗的这一头倾倒进去，而当它们从另一头出来时，却变成了大大小小的包裹，按照五十万人极其复杂的个人需要，分成几磅或几英两、几码或几英寸、几品脱或几加仑。我把我那个时代出售货物的情况告诉利特医生，他根据这种资料计算出现代制度在节约方面获得的惊人成绩。

当我们在归途中，我说：“经过今天的参观，加上你告诉我的情况，以及在利特小姐指教下我在样品店中的观察，我对你们的分配制度已经有了一个相当清楚的概念，而且也了解到，为什么在这一制度下你们可以不需要中间商人。不过，我很想再知道一些你们生产制度的情况。你曾经大体上告诉过我你们生产大军是怎样召集和组织起来的，但是谁来指挥它进行生产呢？根据什么最高权力来决定各个部门应该生产什么，以保证各种物品都能得到充分生产，而又不浪费劳动力呢？在我看来，这必然是一项极其复杂、极其困难的任务，需要超乎常人的天赋才能完成。”

“你真的认为是这样吗？”利特医生问。“请你放心，现在完全不是这么回事了。相反的，事情非常简单，只是根据明显而易于实行的原则办理。所以，负责这项任务的华盛顿官员，只要有相当能力，就能把它办好，让全国人民满意。他们指挥的机构确实很庞大，不过它在原则上却很合理，在实践中又简单易行，几乎像是在自动工作似的。除了傻瓜以外，谁也不会把这个机构搞糟的。我想，只要再向你解释几句，你就会同意我的话了。既然你对分配制度的实际情况已经有了相当认识，我们就从这里谈起吧。即使在你那个时代，统计学家也能告诉你，每年全国要消费多少码棉布、丝绒、毛织品，多少桶面粉，多少袋马铃薯，多少磅牛油，多少双鞋子，多少顶帽子，多少把雨伞。由于生产掌握在私人手中，实际分配数额无法统计，所得的数字是不精确的，不过也相差不远了。我们现在呢，就是从国家货栈里拿出一根针，也要登记，因此任何一周、一月或一年的消费数字，到上述各期限终了时止，在分配部门所掌握的记录上当然是丝毫不差的。譬如说，下一年度的概算就是根据这些数字制定的，然而却把增减的趋势和一切足以影响需要的特殊因素，全都估计在内。这些留有适当后备数额的概算被

总的行政机构接受以后，分配部门的责任就算完毕，只等将来发给他们货物。我刚说过，提出的概算包括整个下一年度，不过实际上往往只包括下年度那些大宗的主要物品，因为可以预料这类物品的需要量是稳定的。至于绝大多数较小的工业品，由于人们的爱好变化多端，而且时常要求新颖的产品，因此，生产品只能略多于消费量，分配部门经常根据每周的需要量，作出生产的计划数字。

“现在，全部生产性的和建设性的事业分为十大部门，每一部门管辖一组相互关联的生产事业，每项特殊事业又由部门所属的管理局管辖，这个局对于所属的厂房、设备和劳动力，目前的生产量，以及增加产量的方法等，都有完整的记录。分配部门的预算数字，经过行政机构批准以后，就作为命令传达到十大生产部门，转而分派给下面管辖各项特殊事业的管理局，工人们就按照命令生产。每个局对分配给它的生产任务负责，并接受部门和行政机构的监督，而且分配部门接受产品时也并非不作检查；甚至产品到了消费者手中，如果发现不合规格，在这种制度下，可以层层追究，直到最初制造产品的工人。当然，生产社会实际消费所需的货物，绝不需要动用全国工人。当必须的生产人员分配给各项生产部门以后，余下的劳动力就都用于创造固定资本，例如房屋、机器、各种工程等等。”

“有一点我想可能引起人们不满，”我说。“既然私人企业不可能存在，那么，当少数人要求生产那些没有大量需要的东西时，又怎样保证他们的要求会得到尊重呢？政府一道命令，随时都可以把少数人特别爱好的东西剥夺掉，理由只是因为大多数人并不需要。”

“那样，当然是很专制啰，”利特医生答道，“不过，你可以放心，我们并不这样做，对我们来说，自由是和平等博爱同样可贵的。等你对我们的制度有了进一步的了解，你就会明白，我们的公务人员是名副其实的人民的总管和仆人。凡是人民继续需要的货物，政府都无权停止生产。假定某种物品由于需要不大，生产成本变得很高，那么，价格自然也得相应提高，不过只要消费者肯出这个价钱，这类物品总是继续生产的。同时，也可能有人要求生产某种从前没有的物品，如果政府对这种需要的真实性表示怀疑，那么，只要大家提出申请，保证某种数额的消费量，政府也就必须生产这种物品。倘若要政府或多数人负责告诉人民或少数人应该吃什么，喝什么或穿什么，如同我相信在你们那个时代美洲各国政府所做的那样，那确实会使人奇怪，觉得时代颠倒了。你们可能会举出几种理由说明为什么忍受这些损害个人自由的做法，而我们却认为这是无法忍受的。我很高兴你提出了这个问题，让我有机会向你说明，现在我们每个公民对于生产的管理，要比你们那个所谓私人主动精神盛行的时代，更为直接有效。其实，所谓私人主动精神，应该改称为资本家的主动精神才对，因为一般普通公民是不大有份的。”

“你说把成本高的物品的价格提高，”我说。“在一个买者和买者之间或卖者和卖者之间没有竞争的国家里，物价又如何确定呢？”

“同你们当时情形完全一样，”利特医生答道。“你觉得需要说明吧，”他看到我怀疑的样子，便又说道，“可是要说明这点，也不需要长篇大论。你们当时公认生产一件物品所付出的劳动成本是确定物价的合法基础，我们现在也是这样。在你们当时，不同的工资使劳动成本有所差别；现在，由于各种工人的生活费完全一样，造成劳动成本差别的却是各个行业规定完成一天工作量所需的长短不同的时间。在某种艰苦的行业中，为了吸引志愿者，工作时间不得不定为每天四小时，因此，一个工人在这种行业中的劳动成本，便等于他在每日工作八小时的行业中的劳动成本的两倍。你看，就劳动成本来说，情况正如在你们的制度下，工作四小时的工人所得的工资比其他工人多了一倍。如果用这种方法来计算一件工业品在各个生产过程中所用的劳动力，便可以定出这件工业品与其他产品的比价。除了生产成本和运输费用以外，某种货物的稀少也是影响其价格的一个因素。至于生活所需的大宗主要物品，因为经常可以保证充分供应，便不再考虑物品稀少这个因素了。这类物品经常有大量剩余，供求方面的任何波动都可以随时调节，即使在大部分的歉收情况下，也没有问题。主要物品的价格逐年降低而很少提高。然而，也有某几类物品，长久或暂时不能满足需要，例如鲜鱼或奶制品则属于后一类，而原料稀少、需要高度技艺的产品则属于前一类。关于这些物品，我们的唯一办法就是让大家平均承担缺货所造成的不便。如果暂时缺货，就暂时提高它的价格，如果永久缺货，就永久固定它的高价。在你们那个时代，实行高价意味着高价的物品只有有钱人才买得起。可是现在，大家的收入相同，结果只是那些最喜欢这类物品的人才去购买。当然，由于人们爱好的改变、天气的不正常和其他种种原因，国家往往也剩有少量货物销不出去，这是任何其他供应公众消费者所不能避免的。于是，国家必须采取你们当时商人常用的办法，将这些货物

贬价出售，损失就作为商业开销来处理。但是，因为这类货物可以同时供应给广大的消费者，所以也很容易脱手，而且损失不大。现在，我已经把我们生产和分配制度的大致情况告诉你了，你还认为这像你原来想象的那么复杂吗？”

我承认再没有比这办法更简单的了。

“我相信，”利特医生说，“说真的，你们当时无数私人企业中的一个企业首脑，由于担心市场的波动，竞争者的阴谋，以及他的债务人的破产等等，弄得夜不安枕，他的工作和现时在华盛顿管理全国生产部门的那些人相比，要艰苦得多了。亲爱的朋友，所有这一切只不过表明，用正确的方法办事要比用错误的方法容易得多。一位将军坐在气球吊篮里对战场看得一目了然，因此能够调动百万大军获得胜利，这要比一个班长在密林中指挥一小队士兵方便得多了。”

“这位将军指挥这个包括全国英豪的生产大军想必是国家最出类拔萃的人物了，甚至真比美国总统还要伟大哩，”我说。

“他就是美国总统，”利特医生答道，“或者更恰当地说，总统最重要的职务就是指挥生产大军。”

“他是怎样选出来的呢？”我问。

“我在叙述生产大军各等级中的竞赛动机的作用时，已经向你解释过了，”利特医生答道。“成绩优良的工人经过三个等级的提升以后，就升到长官一级，然后从班长升到联队长或领班，再升到监督或团长一级。其次，在某些大行业中，还有一个同业公会的将军，作为介乎上下之间的一个等级，整个行业的一切活动都受他的直接指挥。他是代表这一行业的国家有关的局的局长，对这一行业的工作向政府负责。一个同业公会将军的地位是很荣耀的，可以充分满足许多人的抱负。这个职位同你所熟悉的军队组织对比，相当于师长或少将。在这个职位之上，就是十大生产部门的首长，亦即是那些互相关联的行业的首长。生产大军十大部门的首长相当于你们的军团司令或中将，每人下面又有十二到二十个不同公会的将军向他汇报工作。这十个高级长官组成一个委员会，由他们上级总司令、即美国总统来领导。

“生产大军总司令必须从普通工人开始，逐级递升上去。让我们来看看他是怎样升上去的。我告诉过你，一个工人只要成绩优良，就可以通过普通工人的各个等级，上升为一个候补班长。然后再从班长这级经上级任命提升为团长或监督，这种职位严格限于挑选成绩最优秀的候补者来担任。各个公会的将军任命所属的各级人员，但他本人却不是被任命的，而是被选举出来的。”

“被选举出来的！”我惊叫了起来。“难道这不会损害公会纪律吗？因为这种办法会引诱候补者使用不正当的手段去骗取他手下工人的拥护。”

“假使工人有选举权，或是能够过问选举，当然就会这样，”利特医生答道，“但是他们根本没有这种权利。这正是我们制度的一个特点。公会将军是由公会名誉会员从监督中推选出来的。所谓名誉会员就是那些在本公会里服务期满退休的人员。你已经了解，我们到四十五岁，就注册退出生产大军，在自我进修或消遣中度过晚年。可是，我们对过去工作期间所建立的一些关系，当然还是保持密切的关怀。当时结识的伙伴也就成了我们的终生朋友了。我们通常继续担任原有公会的名誉会员，而且对于委托给第二代的公会福利和声誉，保持着极其热情而又无微不至的关怀。几个公会的名誉会员组织一些俱乐部，我们在里面亲密聚会，对于有关这些事情的问题进行广泛的交谈，因此，在那些准备接任公会领导的青年人中凡是能够经过我们这些老伙计的议论而获得通过的，多半是具有优越条件的人。因为这个缘故，国家就委托各公会的名誉会员来选举他们公会的将军。我敢说，以前从来没有一种社会组织能够产生这么称职的选举团体，因为他们绝对大公无私，熟知候补者的特殊条件和成就；而且只求收到最好的效果，丝毫没有利己的动机。

“这十个中将或部门首长本人，分别由各部门所属的那些公会的名誉会员从各公会的将军中选出来。当然，每个公会都可能要投本公会将军的票，但是任何部门的一个公会都没有足够的票数把其他大多数公会不予支持的人选出来。我向你担保，这些选举是非常热闹的。”

“我想，总统就是从十大部门的首长中选出来的，”我猜测道。

“一点不错，但是各部门的部长必须在退职若干年以后才能被选为总统。一个人经过这个等级升到部长地位时，很少是在四十岁以下的，再做一任五年任期的部长，往往已经是四十五岁了。如果他已经过了四十五岁，也得做到任期届满；如果不到四十五岁，任期完毕后也要退出生产大军。他不必重新担任低级工作了。在他成为总统候选人之前，我们给他相当时间让他充分认识到自己已经回到全国广大群众中间，是群众中的一员，而不是生产大军中的一员了。而且，还可以让他利用这段时间去研究生产大军的总的情况，而不仅限于他以前所领导的一些特殊公会的情况。总统是从曾任部长而在当时具备被选条件的人中选出来的。投票选举的,是全国那些同生产大军没有关系的人。”

“难道生产大军没有权利选举总统吗?”

“当然没有。不然就会破坏它的纪律,而总统的职责就是代表整个国家来维持这种纪律的。他在这方面的得力助手是监察部,这是我们制度中的一个极端重要的部门。凡是指摘货物的缺点,以及职员的傲慢无能和各种玩忽职守行为的申诉和报告,都向监察部提出。但是,监察部也不是坐待别人来申诉的。它不仅密切注意发现并甄别每项有关公务中的缺点的谣传,而且还要对生产大军各部门进行系统的、经常的监督检查,在别人发现以前便指出错误。一个人当选总统时,通常都接近五十岁了,再服务五年,便超过了规定四十五岁退休的年限。这是一种例外情况,然而却是光荣的。当他任期届满,就召集一次全国代表大会来听取他的报告,加以批准或加以谴责。如果报告得到批准,大会通常就选他代表国家到国际委员会再服务五年。我也得说明一下,这个全国代表大会也审查各部任满退职的部长的报告,不论哪个部长,如果他的报告没有被通过,就会丧失作为总统候选人的资格。但事实上,国家对于这些高级公务员,很少不表示感谢的。至于他们的才能,经过各种不同而又严格的考验,上升到现在的等级,这一过程本身已经可以证明他们的卓越才能了。至于对国家忠诚的问题,在我们的社会制度下,他们只想获得国人的尊敬,此外绝对不会产生其他念头。而且,在这样一个社会里,因为没有人由于贫穷而受贿,也没有人有钱去贿赂别人,所以贪污是不可能发生的。至于用煽惑或阴谋的手段获致职位,在我们的升级制度下是更不可能的。”

"还有一点我不大了解,"我说。"是否从事自由职业的人也可以当选总统呢? 如果可以的话,他们的等级同那些在生产大军里服务的人又怎样相比呢?"

"他们没有相应的等级可以比较,"利特医生答道。"从事专门技术职业的人,例如工程师和建筑师等,在建筑公会里有等级的规定,但是自由职业者如医生和教员,艺术家和文学家们,因为获得准许不从事生产方面的工作,所以就不隶属于生产大军了。由于这个缘故,他们可以选举总统,却没有被选举权。总统的重要职责之一就是管理并训导生产大军,因此,总统必须经历生产大军的各个等级,以便熟悉业务。"

"那是很合理的,"我说,"不过,如果医生和教员由于不太了解生产情况而不能担任总统,那么我想,总统由于不太了解医学和教育情况,也不能管理这些部门了。"

"他并不管理,"他答道,"总统除了在总的方面负责执行有关各个阶级的法律以外,对于医学和教育公会都是不干预的。这些部门都由自己的执行委员会管理,总统是当然主席,享有决定投票权。这些执行委员当然对全国代表大会负责,他们是被教育和医学公会的名誉会员、即全国退休的教员和医生选出来的。"

"你知道吗?"我说,"由退休的公会会员来投票选举职员的做法,只不过是把我们过去那种校友治校的办法应用到全国事务上来罢了。我们在某种范围内也曾偶尔采用这种办法来管理高等教育机构。"

"你们真的这样做过吗?"利特医生兴奋地喊道。"我从来没有听说过哩,我想,我们大多数人也没有听说过,大家一定会很感兴趣的。对于这种观念的萌芽，我们曾有过热烈的讨论，我们也猜想，这个做法在过去是一度试验过的。好极啦！好极啦！在你们的高等教育机关里！那真有意思。你得更详细地和我谈谈。”

“说真的，除了我已经告诉你的以外，实在没有什么可谈的了，”我回答。“如果说我们当时有过你们这种观念的萌芽，那也只不过是萌芽罢了。”

第十八章

那天晚上，在两位妇女离开以后，我没有去睡觉，和利特医生还谈了相当时候，谈的是关于年满四十五岁的人不再为国家服务这种办法的效果。这是他在叙述退休公民在政府中担任职务时提到的。

“到四十五岁，”我说，“一个人还可以很好地做十年体力劳动和二十年脑力工作呢。要他们在这样年纪就退休，并把他们置之高阁，在精力旺盛的人看来，与其说是优待，还不如说是受罪呢。”

“亲爱的韦斯特先生，”利特医生微笑地望着我，大声说道，“你绝想不到你那种十九世纪的观念在我们今天看来是多么有趣，多么古怪啊！不同而又相同的时代的儿子啊，要知道，我们为了保证全国人民能有条件享受舒适的物质生活，固然要尽我们的义务，参加劳动，但是就使用我们的精力这一点来说，这种劳动并不是最重要、最有趣或最高贵的。我们把它看成是一种必不可少的义务，在尽了这项义务以后，我们才能专心地去进一步发挥自己的才能，从事于智力上和精神上的享受和活动，只有这些才是人生的真正含义。我们采取了合理分配繁重劳动的方法，以及各种各样具有吸引力的特殊措施和鼓励办法，以便尽可能地使我们的劳动不令人生厌。而且，除了从比较的意义上来说以外，劳动通常都不至于使人厌倦，而往往是令人鼓舞的。但是我们认为，生活的重要事务并不是我们的劳动，而是在我们完成自己的任务以后才能自由发展的那种更高级、更广泛的活动。

“当然，并非所有的人或大多数人都对科学、艺术、文学或学术发生兴趣，从而把空闲的时间看作是一种宝贵的东西。许多人都把他们的后半生看作是主要从事其他享受的时期；可以用来旅行，同终生相交的朋友们一道消遣；或者认为在这段时间内可以培养自己各方面的特性和特殊爱好，以及从事各种各样可能的消遣；总之，这是一个让他们悠闲而宁静地欣赏世界上美好事物的时期，因为在创造这些美好事物的过程中，他们也曾尽过一份力量。但是，不论我们在利用闲暇时间方面各人的嗜好怎样不同，我们都一致期待着解除职务的那一天到来。到了那时候，我们才第一次充分享受到我们的生活权利，才第一次真正算是成年人，从监督和管理之下解放出来，自己来支配生活，现在我们都盼望着四十五岁的到来，正像你们那时代的性急孩子期待着二十一岁一样。我们到二十一岁变成大人，但是到了四十五岁又重复年轻了。现在我们认为，人们一生中令人羡慕的时光是中年以及你们称为老年的那段时期而不是青春时期。由于今天生活条件较前优越，尤其因为每人不必为生活忧虑，所以不像过去那么容易衰老，而且晚景也不像过去那么凄凉。体质一般的人，通常都活到八十五岁至九十岁。我看，我们四十五岁的人在身心方面要比你们三十五岁的人更年轻些哩。这真是一个奇异的对照：我们到四十五岁时才刚刚开始一生最愉快的生活，而你们却已经想到自己衰老，开始回忆过去了。在你们看来，上半生是比较幸福的，但我们认为更幸福的是下半生。”

我记得以后我们的谈话又转到目前大众的运动和娱乐问题，拿十九世纪的情况来作对比。

“有一个方面存在着显著的差别，”利特医生说，“那就是，成为你们那时代的奇异特征的职业运动员，在我们社会里却没有了。我们的运动员所争的奖品不是钱，和你们当时的情形也不一样。我们的竞赛始终只是为了夺取荣誉。各个行业公会之间举行友好竞赛，每个工人都为自己的公会出力，使得所有水上和陆上的竞技和比赛不断得到刺激推动，在这些比赛中，各公会退休的名誉会员的热心，也不下于年轻人。下星期在马布尔赫德①要举行公会游艇比赛，你可以亲自去看一下，就会知道现在大家对于这种比赛的热情，和你们当时比较，究竟程度如何了。罗马人所提出的‘面包和马戏’的要求，在今天看来实在是十分合理的。假使说面包是生活的第一需要，那么，紧接着，娱乐就是第二需要，国家要满足这两方面的需要。十九世纪的美国人不幸在这两种需要方面都得不到充分的满足。即使那时候的人们能得到更多的余暇，我猜想他们

① 波士顿东北的市镇，以划船竞赛著名。——译者

也一定时常不知如何消磨才好。现在我们再也没有这种苦恼了。”

第十九章

为了锻炼身体，每天清晨我出外散步，有一天，走到了查理斯敦。许多事物都发生了变化，叫我无法尽述，然而却表明了在这个地区一个世纪已经过去了。在这些变化中，特别引我注意的，是原先那个州监狱已经无影无踪了。

当我在早餐桌上提到这件事情时，利特医生说道，“这在我出世以前已经没有了，不过我记得听人说过。我们现在没有监狱了。所有患隔世遗传症的病人都被送到医院里去治疗了。”

“隔世遗传症！”我惊叫了起来，怔怔地瞧着他。

“可不是吗，”利特医生回答，“用惩罚来对待那些不幸者的办法，至少在五十年前已经被放弃了，我想也许还要更早一些呢。”

“我不大了解你的意思，”我说。“在我们当时，隔世遗传症这个名词的意思，是说在有些病人身上明显地重新出现他们的远祖所有的某种特征。难道说你们现在把犯罪当作是祖先特征的再现吗？”

“请原谅，”利特医生说道，半带幽默、半含歉意地微笑着。“但是既然你已经那么坦率地提出了问题，我也只好说事实确是如此了。”

既然我已经明白十九世纪和二十世纪道德观念的差别，要是再对这个问题敏感，无疑会使人觉得可笑，而且，假使利特医生没有用这种抱歉的口气说话，利特太太和伊蒂丝小姐也没有露出不好意思的样子，我本来是不会脸红的，可是当时我却感到自己脸上发烧了。

"我想人家总不至于说我是在为我前一代的人夸口吧，"我说道，"不过，说真的……"

"现在这一代就是你的一代，韦斯特先生，"伊蒂丝插嘴说道。"你知道，你就在这一代中生活，我们把这一代称作我们的一代，也仅仅因为我们现在正活着。"

"谢谢你。我一定这样去考虑问题，"我说，当我们的眼光接触时，她眼里的表情使我那种莫名其妙的敏感完全消失了。"归根结底，"我说，笑了起来，"我从小就被教养成为一个卡尔文教徒[①]，对于罪恶被认为是祖先一种特征的看法，本不应该惊讶的。"

"就使用这个名词来说，似乎意味着我们认为自己除了景况比你们强以外，这一代人也比你们那一代人强些，"利特医生说道，"其实，这完全没有指责你们那一代的意思，请伊蒂丝原谅，我们就把这个时代称为你们的时代吧。在你们当时，整个占二十分之十九的罪恶(从广义上来说，它包括各种不正当的行为)都是因为个人财产不均所造成的。由于贫困，穷人容易犯罪，而由于贪得无厌，或是为了保持以前的所得，有钱的人也容易犯罪。金钱在当时

① 卡尔文教派(Calvinism)，是法国人约翰·卡尔文(1509—1564)所创，主张人生而有罪。——译者

是获得一切享受的手段，因此，追求金钱的欲望直接或间接地成为一切罪恶的根源。这是一棵巨大毒树的主根，一切法律、法庭和警察等手段都无法防止它直接阻碍你们文明的进步。当我们把国家变为人民财富的唯一保管者，保证大家丰衣足食，一方面消除了贫困，另一方面又限制了财富的积累时，我们就砍断了这支根，而那棵使你们的社会蒙上阴影的毒树，像昙花那样，也转瞬枯萎了。至于那些为数较少并与谋财动机无关的强暴罪行，即使在你们当时，几乎也只是和一些愚昧无知和失却人性的人有关而已，何况在现在，教育和礼貌不再为少数人所专有，已经成了普遍的现象，这类暴行甚至都不大听得到了。现在你可以明了，我们所以要把犯罪称作'隔世遗传症'，正是因为，几乎你所知道的各种各样的犯罪，在今天都已失去其产生的根源，如果发生犯罪行为，也只能解释为祖先特征的显现了。你们通常把那些显然没有任何合理动机而进行偷窃的人称为盗窃狂者，当你们明了病症以后，就会认为，把他们当作盗窃犯来惩治是不合理的。我们现在对待隔世遗传病患者的态度，恰恰同你们对待有盗窃狂病症的人一样，既给以同情，又坚决而温和地加以制止。”

“你们的法庭一定是很空闲的了，”我说。“私人财产问题谈不到了，公民之间没有商业关系的纠纷，没有不动产可分，没有债务需要索取，所以在法庭里，一切民事诉讼想必是完全没有了。而且，人们既不可能为了财产而犯法，也很少有什么不法行为会构成刑事案件，我简直觉得，你们几乎可以完全取消法官和律师了。”

“我们确实已经没有律师了，”利特医生回答。“在一个案件中，全国人民唯一关切的只在于弄清真相，而律师却故意把真相加以渲染，如果让他们来参加审判，我们认为是没有道理的。”

“可是谁来替被告辩护呢？”

“假使他有罪，他就不需要辩护，因为他多半是会认罪的，”利特医生答道。“关于被告的答辩，我们现在并不像你们那样只是一种表面形式。在现在，被告的答辩往往就是案件的结束。”

“你的意思总不是说，一个人不承认自己有罪就得把他释放吧？”

“不，我不是这个意思。他不会因为轻微的情节而被人告发，而且，假使他否认自己有罪，也得经过审问。不过审问很少，因为在绝大多数情况下，犯罪的人是会认罪的。假定他用谎话答辩而结果罪证确凿，他会受到加倍的惩罚。但是，在我们看来，说谎是那么可耻，因此有罪的人是很少会用谎话来替自己开脱的。”

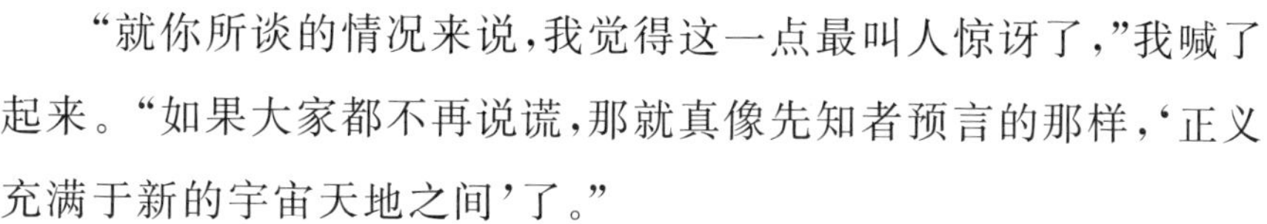

“就你所谈的情况来说，我觉得这一点最叫人惊讶了，”我喊了起来。“如果大家都不再说谎，那就真像先知者预言的那样，‘正义充满于新的宇宙天地之间’了。”

“事实上，这就是今天某些人的信仰，”医生回答，“他们认为我们已经进入千年至福[①]的时代了。从他们的观点来看，这句话并不是全无道理的。可是你看到我们的社会已经摒弃谎言而感到惊奇，其实是没有理由的。即使在你们那个时代，在社会地位相等的

① 《圣经启示录》第 20 章第 1—5 节，说耶稣再来人间做王一千年，这个时期被称为千年至福（Millennium）。——译者

士女中间，虚妄欺骗也不是常见的事。胆小的人由于恐惧而撒谎，骗子因为哄骗而撒谎。人间的不平等和贪得的欲念，在当时经常诱使人们说谎。然而，即使在当时，一个人倘若对别人既无畏惧之心，又无欺诈之念，他也是鄙视谎言的。现在，我们的社会地位都平等了，谁也用不着害怕别人，谁也不能用欺骗别人的办法得到什么好处，大家都普遍地鄙视谎言，因此，正如我所说的那样，即使一个犯有其他罪行的人，也很少愿意说谎的。但是如果被告声辩自己无罪，法官就得指定两位同僚从正反两方面对这案子进行申辩。这些法官和你们当时雇用的那种蓄意要使被告有罪或无罪的律师和起诉人究竟有什么不同，可从下列几点看出来：除非双方都承认判决是公正的，案件会审讯下去，如果代表任何一方意见的法官在陈述案情时带有些微偏颇的语气，就会被认为是一件惊人的丑事。”

“那就是说，陈述案件的正反意见的，各有一位法官，听取意见的又有一个法官，我的理解对吗？”我说。

“对啦。法官们轮流担任推事和辩护人，不论在陈述或判决一件案件时，他们都必须公正冷静。实际上，这种制度就是由三个法官从不同的角度来审理案件。当他们都同意一项判决时，我们可以相信，这一定是人力所能做到的最接近于真理的判决了。”

“那么，你们取消陪审制度了吗？”

“在一个可以雇用律师，而法官又往往受贿或依仗外力保全职位的时代里，陪审制度确实可以用来纠正偏差。但是现在，却无此必要了。我们法官执行职务，除了维持公道以外，不可能有任何其他动机。”

“这些法官是怎样选出来的呢?”

“按照规定,凡年满四十五岁的人不再继续服务,但法官的职务却是一种光荣的例外。总统逐年从到达这个年龄的人中任命必要数额的法官。被任命的人当然极少,而且又享有很高的荣誉,足以作为额外增加工作年限的补偿,因此,当人们被任命为法官时虽然可以辞却不就,但这种情形毕竟很少。法官任期五年,不得连任。维护国家宪法的最高法院法官,是从下一级法官中选出来的。当最高法院有空额时,那些应届任满的下一级法官,便行使最后一次职权,从继续留任的同僚中推选一个公认为最适当的人选去补缺。”

“现在,既然没有法律专业可以作为培养法官的途径,”我说,“那么,法官必然是从法律学校直接到法院来任职的了。”

“我们没有法律学校这类东西了,”医生微笑地答道。“把法律当作一门专门学科,已经不合潮流了。那是一种诡辩学说,只有旧社会制度的那种矫揉造作的现象,才非要它来解释不可。但是,对于今天世界上的实际状况,只要有几条最简明的法律条文也就够了。现在牵涉到人们相互关系的事情简单多了,和你们当时情况相比,不可同日而语。我们根本用不着你们那些在法庭上主持审判、进行辩论的吹毛求疵的专家了。可是,你绝不要以为我们用不到旧时代的那些俊杰,便对他们有任何不敬之处。恰恰相反,我们对他们保持着真诚的敬意,甚至达到最敬畏的程度,因为只有这些人才能懂得而且能够详细解释极端复杂的所有权,以及在你们的制度下的商业关系和个人关系。你们为了造就一群空谈家，让他们把那种制度弄得连那些被它决定命运的人都觉得高深莫测，所以便需要把每一代最优秀的人才抽调出来专门从事这项工作，老实说，还有什么能比这种情况使人更强烈地感到你们那种制度错综复杂和矫揉造作呢。你们当代的伟大法学家的论文，例如布莱克斯通①、契提②、斯托里③和帕森斯④的著述，在我们的博物馆里同登斯·斯科塔斯⑤和他同时的学者们的巨著并列在一起，当作一种珍奇的纪念品，因为它们代表着专门表现在那些与现代人的利益毫不相干的题材方面的智慧结晶。我们的法官仅仅是一些博闻广见、贤明谨慎和成熟老练的人士而已。

“我还得告诉你低级法官的一项重要作用，”利特医生又说，“这就是裁决一切有关生产大军士兵控诉长官对他待遇不公正的案件。所有这类问题，都由一个法官听取申诉并做出判决，不得上诉。只有比较严重的案件才需要三个法官来处理。生产的效率要求在劳动大军中建立最严格的纪律，但是工人们要求得到公平体贴的待遇，则是全国人民所支持的。长官发布命令，每个士兵都得

① 威廉·布莱克斯通（William Blackstone，1723—1780），英国法学家，曾任牛津大学英国法律教授，著有《英国法评注》。——译者

② 约瑟夫·契提（Joseph Chitty，1776—1841），英国著名法学家，生前著述甚丰。——译者

③ 约瑟夫·斯托里（Joseph Story，1779—1845），美国法学家，曾任美国最高法院法官及哈佛大学法学教授，著有《美国宪法诠释》、《论平衡法学》等书。——译者

④ 西奥菲拉斯·帕森斯（Theophilus Parsons，1797—1882），美国法学家，著有法律论文多篇，其中包括《契约法》、《海上法》、《宪法》等。——译者

⑤ 约翰·登斯·斯科塔斯（John Duns Scotus），苏格兰神学家，死于1308年，因保卫圣母马利亚的纯洁受胎说获有盛名，曾任牛津大学神学教授。——译者

服从，但是，不论一个长官的职位怎么高，他也不敢对最低一级的工人傲慢无礼。如果任何一个长官在和公众接触中有什么蛮横粗暴的行为，那么，就一些次要的过错来说，这种行为必然会首先而又迅速地得到惩处。我们的法官坚持主张，待人不仅要公正，而且要有礼貌。不论一个人对工作的贡献多么大，我们也不能因此而宽容他的粗暴无礼的态度。”

当利特医生说话时，我想起在所有的谈话中，只听见他常常谈到国家，却从未提过州政府。“难道把国家组成一个生产单位以后，各州政府就不要了吗？”我这样问道。

“那是必然的，”他回答。“州政府会妨碍生产大军的管理和纪律，在这些方面，当然是需要统一集中的。即使州政府并没有因为其他原因而变得不合时宜，但是，由于政府工作从你们那个时代以来已经大大地简化，因此也没有必要让它们存在下去了。现在政府的作用差不多只限于指挥国家的各种生产。过去设立政府的意图，绝大部分都不再存在了。我们没有陆军或海军，也没有军事机构。我们没有国务院或财政部，没有消费税和税收机构，没有税收和税务人员。就你所知道的来说，政府现在还保留的唯一正式的职能，就是司法制度和警察制度。我已经和你说过，我们的司法制度和你们的庞大复杂的司法机构相比，是十分简单的。当然，由于犯罪和造成犯罪的因素一同消失，法官的工作十分轻松，警察的人数和工作也减至最低限度了。”

“可是，既没有州议会，而国会又要五年才举行一次会议，你们又怎样制定法律呢？”

“我们没有立法工作，”利特医生答道，“也就是说几乎等于没有。国会即使在会议期间，也很少考虑什么新的重要法律，而遇到需要考虑的时候，也只是有权向下一届国会提出建议，以免仓促作出决定。如果你能稍微想一想，韦斯特先生，你就会明白，我们没有什么需要制定法律。我们社会所依据的基本原则，已经永远消除了你们当时需要用法律来解决的纠纷和误会。

“那时候，百分之九十九的法律都是用来确定并保障有关私有财产和买卖双方的关系的。现在，除了个人一些所有物以外，既没有私有财产，也没有买卖行为，因此，几乎所有以前必须的法律都没有理由再制定了。过去，社会是一个倒竖着的金字塔。人类本性的一切引力的倾向是要把它推倒，而它只是依靠经常更换的法律形式的支柱、扶架和牵绳所构成的一种精巧的制度，才能保持竖立着，或者不如说是倒立着吧！（请原谅我这句不高明的俏皮话。）即使一个中央国会和四十个州议会每年制定出近两万条法律，也来不及作成新的支柱，来代替那些由于压力的重心稍有转移而经常碎裂或失去作用的撑架。现在的社会却不是倒竖着的了，它正像永恒的小山那样，并不需要人工支撑。”

“可是，你们除了中央政府以外，至少还有市政府吧？”

“当然啰，它们在照顾公众的舒适生活和娱乐，以及有关乡村和城市的改进和美化等方面，起着广泛的重要作用。”

“可是市政府既不掌握人民的劳动力，又不能出钱去雇用，它们还能做些什么呢？”

“每个集镇或城市，都有权从本地公民替国家应出的劳动中保留一定比例的份额，用来替本地公共事业服务。国家把这部分劳动力作为同等数额的配给拨给它们，由它们自由使用。”

第 二 十 章

那天下午，伊蒂丝偶然问起，自从我在花园里那间地下室中被他们发现以后，曾到那里去过没有。

“还没有，”我回答。“老实说，我一直不敢去，担心去了以后会想起过去的事情，以致我的神经受不了这种剧烈的刺激。”

“哦，是的！”她说，“我可以想象你不去是对的。我应该想到那一点才是。”

“不，”我说，“你这样说，我很高兴。假使有过什么危险的话，那也只是在最初的一两天内。我觉得，现在我在这个新世界里，已经站得很稳了，这主要而且永远地应该归功于你的帮助。如果你愿意和我一同去，替我壮壮胆子的话，今天下午我倒真的愿意去看看那个地方。”

伊蒂丝最初反对，后来看我很认真，就同意陪我去了。从房子那边，就可以看到树丛中的土墙，这是发掘地下室时从下面挖出来的泥土堆成的。我们走了几步，就到了那个地点。当初由于发现地下室内有人而停工的景象，直到现在仍然保持原样未变，只不过门已被打开了，顶上的石板已放回原处。我们沿着坑道的斜坡走下去，进了门，站在光线暗淡的房间里。

一切情形都同我在一百十三年前的那个晚上闭眼陷入那次长

睡以前所看到的完全一样。好一会儿,我默默地站着,向四处探望。我发觉我的同伴带着一种又畏惧又同情的好奇表情正在偷偷地打量着我。我向她伸出手去,她用手抓住,柔软的手掌紧紧一握,表示要我镇静。终于她低声说道,"我们现在最好还是出去吧!千万不要让自己过分苦恼。啊!在你看来,这必然是非常奇怪的!"

"恰恰相反,"我答道,"我并不觉得怎么奇怪;不过,为什么不觉得奇怪,这倒是再奇怪不过的了。"

"不奇怪吗?"她跟着说。

"正是这样,"我回答,"你显然认为我会产生这种情绪,而我自己也以为重来此地会有这种情绪,但我就是感觉不到。我能体会周围环境使我想起的一切事物,不过却没有预期的那种激动。对于这点,你绝不可能像我自己那么感到惊奇。自从那个可怕的早晨得到你的帮助以后,我一直尽量不使自己去想过去的生活,同时也避免到这儿来,因为怕这样会引起激动。我完全像个不敢移动自己受伤的手足的人一样,怕它们特别敏感,等到真想移动时,却发现它们已经瘫痪了。"

"你的意思是说,以前的事情全忘了吗?"

"完全不是。和我过去生活有关的每件事情,我都记得,然而敏锐的感觉却一点也没有了。就清晰的程度来说,我回忆过去的生活,就好像只隔了一天似的,可是在感觉上,对一切回忆的感情,淡薄得简直就像过了一百年,而事实上也确实是过了一百年了。这种现象,也许还是可以解释的。环境的改变,正和时光的消逝一样,能冲淡过去的事物。当我刚从那次催眠中醒来的时候,回想过去的生活，就像昨天一样，可是现在呢，自从我熟悉了新的环境，而且领会到改变这个世界的惊人变化以后，觉得要认清自己已睡了一个世纪这一件事，并不困难，而是非常容易的。你能想象在四天以内就过了一百年吗？可是对我来说，正是这样，而且也就是这种经历使我过去的生活显得那么遥远而不真实。你知道这是怎么回事吗？”

“我想象得到，”伊蒂丝若有所思地答道，“而且我认为我们大家正应该感到庆幸，因为我相信这使你少受了许多痛苦。”

“请想一想，一个人在他亲友去世以后很多很多年，也许过了半生以后，才初次听到噩耗的情形。我想这和我现在的感觉，大概是一样的。当我想起旧世界的朋友们以及他们对我的失踪必然感到的悲痛，在我心中产生了深切的惋惜，而不是强烈的痛苦，因为我觉得他们的悲痛在很久以前已经消失了。”我说，试图对她说明自己奇异的精神状态，并以此自我辩解。

“你还没有和我谈起你的朋友哩，”伊蒂丝说，“为你哀悼的朋友多吗？”

“感谢上帝，我只有很少几个亲戚，最近的也不过是表亲，”我回答。“可是有个朋友，虽不是亲戚，却比亲骨肉还要亲一些。她的名字和你的相同。当时她就快要成为我的妻子了。唉！”

“唉！”伊蒂丝在我身旁叹息着。“想必她的心也碎了。”

这个温柔的女孩子的深情使我若有所感，因而在我麻木的心灵中引起了共鸣。过去一直忍住的眼泪，这时候不禁夺眶而出。当我的情绪镇定下来，我才发觉她的脸上也毫不掩饰地泪珠莹莹了。

“你的心肠真好，愿上帝祝福你！”我说，“你想看看她的相片吗？”

一个小盒子里放着伊蒂丝·巴特勒特的照片。这个盒子是用一根金链套在我的脖子上的，在这次长睡中，它一直放在我的胸膛上。我把小盒子取下打开来，递给我的同伴。她迫不及待地接过去，对着照片上可爱的面庞注视了好一会儿，然后用嘴吻着它。

“我知道她十分温存可爱，你没有白白地替她流泪，”她说。“可是别忘记，她的痛苦在很久以前已经消失了，她在天堂里也差不多有一个世纪了。”

这倒是真的。不管她一度曾经多么悲伤，她停止哭泣，也快一个世纪了，因此我那突发的激情也耗尽了，我自己的眼泪也流干了。我曾经在以往的生活中深深地爱过她，但那是一百年前的事了！我不知道，是否有人会用我这句老实话来指摘我没有感情，不过我想，恐怕没有一个人经历过我这样的遭遇，从而能对我作出评论。当我们准备离开房间时，我看到屋角里那只巨大的铁保险箱。我指给我的同伴看，同时说道：——

“这是我的卧室，也是贮藏财宝的地方。在那只保险箱里，放着几千块金元和若干证券。即使那天晚上我临睡时知道自己要睡多久，我仍然会想到，不论在多么遥远的国家里或未来的世纪中，黄金是满足我生活需要的可靠保障。当时如果说未来居然能出现一个不能用金元购买物品的时代，我一定会认为这是一种最荒谬的幻想。可是，我在这个世界上醒过来了，发觉自己在现代人当中用一车金子也换不到一片面包。”

如同我所预料的那样，我不能使伊蒂丝认识到这件事的重大意义。“究竟为什么黄金该换面包呢?”她只是那么问了一句。

第 二 十 一 章

利特医生昨天曾经提议,把今天整个上午用来参观本市的普通学校和大专学院。他准备向我介绍二十世纪的教育制度。

“你会看到,”当我们在早餐后出发时,他说,“我们的教育方法和你们的教育方法有许多重要的不同之处,但主要还是这一点:现在所有的人都同样享有高等教育的机会,而在你们当时,那只是极少数人享受的权利。如果只是在物质享受方面做到平等,而教育机会却不平等的话,那么,我们会认为,我们的成绩是不值一谈的了。”

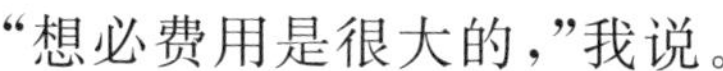
“想必费用是很大的,”我说。

“即使在这方面需要花费国家的一半税收,也不会有人吝惜,”利特医生答道,“甚至除了留下一小部分以外,全部用去也都可以。不过事实上,教育一万个青年所需的经费,并不会比教育一千个青年多十倍或五倍。不论办什么事,规模大总比规模小相应地要便宜一些,这个原则在办教育方面同样适用。”

“我们那时候,大学教育的费用贵得惊人,”我说。

“如果我们的历史家没有使我误解的话,”利特医生答道,“开销大的,倒不是大学的教育费,而是大学的各种铺张浪费。当时你们大学教育的实际费用似乎很低，假使学生人数更多一些，那就会更低了。现在，高等教育的费用和中小学教育同样便宜，因为各级教员的待遇和所有担任其他工作的人一样，都是相等的。我们只不过根据一百年前马萨诸塞州盛行的义务教育的普通学校制度，额外增加了六个高级班次，使一个青年学习到二十一岁，接受你们所谓的绅士教育，而不是在他十四五岁的时候便对他放任不管，以致他除了懂得一般的读写和乘法表以外，便毫无所知了。”

“就算不谈额外增加这几年教育的实际费用，”我回答，“但是由于不能参加生产而损失的时间，在我们看来，也是负担不起的。贫苦阶级的孩子往往在十六岁或年纪更轻的时候就开始工作，到二十岁左右便学会一种行业了。”

“甚至在物质生产方面，我们也不承认你们通过这种办法会取得任何成就，”利特医生回答。“教育把一切劳动的效率，除了最低级的以外，都大大地提高了，这样在短期内就可以补偿所损失的时间。”

“我们也应该考虑到，”我说，“高等教育虽然能使人们具备从事专门职业的条件，但另一方面却会使他们厌恶体力劳动。”

“根据我从书本上了解的情况，那是你们当时的高等教育造成的，”医生答道，“但这也不足为奇，因为体力劳动意味着一个人要同粗野的、愚昧无知的阶级混在一起。现在已经没有这样的阶级了。在当时，这种感觉是难免的，因为进一步说来，大家都认为凡是受过高等教育的人注定要担任专门职业，或从事优裕闲散的工作。如果一个受过高等教育的人结果既不富有，又未担负专门职业，这就说明了他失意潦倒，毫无成就，属于下等社会而不是上等社会。当然，今天只是为了使一个人能在社会上生活，就有必要使他受到最高等的教育，而不考虑他将来可能担任的工作，因此，接受高等教育，也就没有上述那种含义了。”

“总之，我说道，“不管你给一个人多少教育，也无法医治他天生的愚钝，或补偿他先天的智力缺陷。除非人们天生的智力平均起来大大超过我那个时代的水平，否则对于多数人来说，高等教育几乎是白费的。我们一向认为，一个值得培养的心灵，对于教育必须具有一定程度的敏感性，正如耕种要有收获，土壤中必须含有某种天生的肥沃成分。”

“好啊，”利特医生说，“我很高兴你借用这个比喻，因为这正是我想用来说明现代教育观点的一个例子。你说，在生产抵不上所费劳动力的贫瘠的土地上，不要耕种。可是，在你们当时以及我们现在，却耕种了很多在最初是得不偿失的土地。我指的是花园、公园、阜地；而且，总的说来，还有一些土地因坐落地点的关系，倘若听其生长杂草和荆棘，对附近一带人们来说，不但有碍观瞻，而且造成不便。因此，这些土地我们也加以耕种，尽管它生产不多，但从广泛的意义来看，任何土地都不像这些土地那么值得耕种。我们在社会关系中同许多男男女女打成一片，就他们来说，情形也是如此。他们的声音永远在我们耳边响着，他们的行为通过无数方式影响着我们的欢乐——，实际上，他们正像我们呼吸的空气，或是我们赖以生存的任何一种物质元素那样，成为我们的生活条件。假使我们确实无法让每人都受教育，我们就应该选择那些天资最愚钝的人，而不是那些最聪明的人来接受我们可能提供的教育。天资敏慧的人比天资愚钝的人更有条件少受一些教育。

“借用你们当时常用的一句话来说，如果我们必须处在愚昧、粗俗、卑劣而且毫无教养的男男女女当中，我们就会觉得生活没有多大意思了。这正是你们当时少数受过教育的人的痛苦。难道一个人处在臭不可闻的人群中，仅仅因为他自己是香的，就会感到满足吗？即使一个人住在一所宫殿似的房子里，如果四面窗户都朝马厩开着，那么他在踌躇满志之余，不是也会感到遗憾吗？然而，这正是当时在文化教育方面被认为是最幸运的那些人的境况。我知道，当时贫穷无知的人羡慕有钱而有文化修养的人；但是在我们看来，后者当时生活在肮脏粗野的人群中，情况似乎也并不比前者好多少。你们当时那些有文化的人，正像一个掉在泥塘里的人一样，污泥已经没到脖子，还拿着一个香水瓶来安慰自己。也许，你现在了解到我们对普及高等教育这一问题的看法了。对每个人来说，最重要的就是能得到聪明而值得来往的人来做邻居。因此，不管国家替每人做什么事情，都不像教育他的邻居那样能够增进他的幸福。如果国家做不到这一点，那么，一个人自己所受的教育也就减少了一半价值，而且，他所培养的许多嗜好，也就肯定成为痛苦的根源了。

“你们使少数人受到最高等的教育，而听任大多数人愚昧无知，这就造成了隔阂，使他们几乎就像不同类别的生物那样互不沟通。还有什么事情能比不公平的教育机会造成的结果更不近人情呢！尽管人们在享受普遍均等的教育机会以后，他们天资的差别还像未受教育时那么显著，但是，最低水平却有了很大的提高。粗野的状态已经消除了。所有的人对于人情都有一些领悟；对于精神生活方面的事物多少都能欣赏，而且对于他们尚未达到的更高的文化水平也心向往之了。他们全都能够在一定程度上或多或少地享受文雅的社会生活中令人欢欣鼓舞的事物，并相应作出贡献。十九世纪的文明社会，除了那些点缀在一片未开垦的茫茫荒原上的几处渺小的绿洲外，又还有什么呢？和他们同时代的广大群众相比，能够互相沟通思想，获得情感交流的人们所占的比例，从整个人类的角度来说，便显得微不足道了。在今天的世界上，一个时代对于人类精神生活所作的贡献，超过了过去任何五个世纪。"

"谈到现在为什么非要普及最完善的教育不可，我还应该提到另一点，"利特医生接着说，"那就是下一代由于父母受过教育所得到的好处。扼要地说，我们的教育制度有三个主要依据：第一，每个人都有权享受国家给予他本人的最完善的教育，这是他自己享受愉快生活所必需的；第二，他的同胞有权要求他受教育，这是大家能够和他愉快相处所必需的；第三，尚未出世的婴儿有权保证能获得既有才智而又高尚的父母。"

我不打算详细描写那一天我在学校里看到的情形。我在以往生活中，对教育问题兴趣不大，因此不能作出较多的有趣的对比。除了高等教育和初等教育的普及以外，最使我惊异的，就是对体育的重视；优良的运动技术和竞赛成绩，同优良的学业一样，在对一个青年的鉴定中占有一定地位。

"教育的职能，"利特医生解释道，"在于对教育对象的身心两方面负有同样的责任。从六岁到二十一岁的课程具有双重目标，这就是要使每人在身心方面得到最大限度的发展。"

校中年轻人都十分健康，给我印象很深。根据我以前的观察，不仅我主人一家的体质，而且还有我在街上看到的那些人的体质，都引人注意。这就使我想到自从我那个时代以来，整个民族的体格标准一定有了某种普遍的提高。现在，当我把这些强壮的年轻小伙子和脸色红润而又健美的姑娘们，同我曾见过的十九世纪学校中的青年相比，就忍不住把我的想法告诉了利特医生。他很感兴趣地倾听着我的话。

“你对这一点提出的证明，”他说，“是十分宝贵的。我们也相信，人们的体质曾经有过像你所说的那种增进，不过对我们来说，当然这只不过是一个理论问题。由于你的地位非常特殊，因此在今天的世界上，恰巧只有你一个人能对这一点做权威性的发言。我可以保证，当你公开谈论这个问题的时候，你的意见将会产生深远的影响。因为对别人来说，如果这个民族在体质方面没有表现出什么增强，那必然是很奇怪了。在你们当时，有钱的阶级由于身心懒惰，变得十分腐化，另一方面，贫穷又使广大人民工作过度，吃的是恶劣的食物，住的是疾病丛生的地方，因而也失去了活力。儿童们也必须劳动，妇女的肩上承受着重担，从而摧残了民族的元气。这些恶劣的环境已经不再存在了，现在大家都享有最好的物质生活条件；年幼的都得到细心的教养和密切的关怀；人们必不可免的劳动，也只限于体力最旺盛的时期，而且绝不容许过度。过去，人们为自己和家庭担心，为生计忧虑，为在社会上生活下去而进行无休止的紧张斗争——所有这些影响曾经一度那么严重地毁坏了男男女女的身心健康，但现在已经消失了。当然罗！随着这种变化，人类体质应该有所增强。事实上，我们知道，在某些方面，确已有了进步的现象。例如神经错乱症，在十九世纪中是你们那种疯狂的生活方式所造成的一种极其普遍的现象，但现在连同它

所引起的自杀，都几乎已经绝迹了。”

第二十二章

我们和太太小姐们约好在餐厅见面，一同吃晚饭，饭后，她们另有约会先走了。我们坐在桌边，吸烟饮酒，谈了许多别的事情。

“医生，”在谈话中我说，“说真的，拿你们的社会制度同以前世界上流行的任何制度，特别是同我自己那个最不幸的世纪的制度相比，要是我不加以赞美的话，那我就未免太麻木了。如果今晚我经过催眠，又睡得像上次那么久，同时，时光倒流，而非前进，我又在十九世纪中醒来，等我把自己看到的情形告诉朋友，他们每人一定会承认，你们的社会是一个有秩序的、平等的和幸福的天堂。但我同时代的人都是很现实的，当他们赞美这个制度的高尚道德和物质繁荣以后，接着就会开始猜测并询问：你们怎样获得了财富，使每人都能生活得这么愉快呢？因为，要使整个国家保持舒适的、甚至奢华的生活水平，像我从周围看到的那样，当然就必须要有大大超过我那个时代整个国家所创造的财富。虽然你们社会制度的主要特征，我差不多都能解释给他们听，但我也肯定无法回答这个问题，这样一来，由于他们都是认真核对事实的人，他们就会说我是在做梦，不论我说什么，再也不会相信了。在我那个时代，据我知道，全国每年的生产总额，即使绝对平均地加以分配，每人所得

也不超过三四百元，只够用来维持最低的生活，谈不到什么舒服。可是，你们怎么又会有那么多的财富呢?”

“问题提得很好，韦斯特先生，”利特医生回答，“如果像你所想象的那样，你的朋友们因为你不能圆满地答复这个问题而认为你谈的全是梦话，我也不能责怪他们的。这个问题如果要详细答复，不是单靠一次谈话就可以办得到的。至于可以证实我的一般说明的确切的统计数字，我得请你参考我的图书室里的书籍。不过万一发生像你所说的那种情况，由于我没有告诉你一些概念而让你被你的老朋友们问得狼狈不堪，那我真会觉得太抱歉了。

“让我们先从一些细小的项目谈起，在这方面，和你们相比，我们节省了财富。我们没有国家发行的或州、县市发行的公债，因而也就不必偿还公债的款项。我们根本没有支付海陆军军饷和物资这一项经费，我们没有陆军、海军或民兵。我们没有税务，也没有大批估税员和收税员。至于谈到我们的司法官、警察、警官和监狱看守，你们当时马萨诸塞一州所保持的人数，远超过我们现在全国所需的人数。我们没有像你们当时所有的那个掠夺社会财富的犯罪阶级。由于身患残疾，或多或少地丧失了工作能力的人，例如残废、生病和衰弱的人，在你们当时成为强健者的重累，但是现在他们在卫生而舒适的环境下生活着，人数已经减到很少，而且一代少于一代，就快没有了。

“我们节省财富的另一项，就是废除了货币以及与各种金融活动有关的成千种工作。这类工作以前占用了大批本来可以从事有益的工作的人员。同时请你想一想，你们当时的有钱人由于追求个人穷奢极欲的享受而造成的浪费现象也没有了，尽管这项浪费很容易被人估计过高。另外，还请想一想，现在不论贫富，都没有游手好闲的人——，没有懒汉了。

“造成从前社会贫困的一个很重要的原因，就是各家洗衣烧饭以及各自单独从事其他许多家务，在人力物力方面造成的巨大浪费，现在，我们采取了合作的方式。

“我们的分配系统组织起来以后所取得的节约成果，比上述任何一项节约都大得多，真比上述各种节约的总和还大。这种分配工作过去是由大小商人、店主以及他们的各种等级的雇员、批发商、零售商、代理人、旅行推销员和各种各样的经纪人来担任的，在盲目的调运和无休止的转手中造成了极大的人力浪费，现在却由十分之一的人手来完成，而且没有任何不必要的周转。我们的分配办法就像你所已经了解的那样。据我们的统计学家估计，全部分配过程所需要的人员，只占工人总数的八十分之一，而你们当时却占了全部人口的八分之一，也就是从参加生产的劳动力中减少了这些人数。”

“我开始明白你们的巨大财富是怎样得来的了，”我说。

“对不起，”利特医生回答，“可是我认为你现在还没有懂得哩。我以上所述的各种节约，通过节省物资，直接或间接地节省了人力，因此这些节约的总和，可能等于你们全年生产的财富总额再加上一半。但是，如果把这些节约同私人企业经营全国各项生产必然造成的其他惊人浪费相比，是不值一提的，不过这些浪费现在已经没有了。不论你们同时代人在生产品的消费方面作了多大的节约，也不论机械发明的进步多么惊人，但是只要他们抓住那种制度不放，就永远无法从贫困的泥沼中脱身出来。

“就利用人力的方式来说，再没有比这更浪费的了。为了顾全人类智慧的信誉，我们应该记住，人类从未发明过这种制度，它只是野蛮时代的一种遗风。当时因为没有社会组织，所以也不可能有什么合作的办法。”

“我毫不犹豫地承认，”我说，“从道德上讲，我们的生产制度是很坏的，但是，撇开道德不谈，如果单纯把它当做一种谋财致富的工具来看，我们倒觉得它是很不错的。”

“我在前面说过，”医生答道，“这个题目范围太广，现在不可能详细讨论。不过，如果你真有兴趣想知道我们现代人把你们的生产制度和我们自己的对比以后，提出了哪些批评，我倒可以简单地说几点。

“把生产事业交给不负责任的个人去经营，他们彼此完全不了解或是根本不合作，结果所造成的浪费主要有四方面：第一，由于经营失当所造成的浪费；第二，由于从事生产事业者的竞争和相互敌视所造成的浪费；第三，由于周期性的生产过剩和危机使生产陷于停顿所造成的浪费；第四，由于资金和劳力经常闲置所造成的浪费。即使这四大漏洞中有三个被堵住了，但只要留下一个，就足以在一个国家中造成贫富悬殊的现象。

“让我们先从经营失当所造成的浪费谈起吧。在你们那个时代，商品的生产和分配是在没有协作或无组织的状况下进行的，所以便无法知道人们对某一类产品究竟有怎样的需求，究竟有多大供应量。因此，私人资本家经营的任何企业，通常总是一种没有把握的实验。企业创办人不像我们的政府那样对于生产和消费能有全面的了解，因此绝不可能知道人们需要什么，也不可能知道其他资本家为了满足这些需求作了什么安排。从这一点来看，我们就不会奇怪，为什么创办任何一种特定的企业多半总是失败，而且那些最后得到成功的人们往往都曾经一再遭到过失败。如果一个鞋匠每制成一双鞋子都要糟蹋四、五双鞋子的皮料，并且还要浪费时间，那么，他的发财机会也正和你的同时代人在私人经营企业制度下的情形相同，要平均失败四、五次才能成功一次。

“第二种大浪费是竞争造成的。整个生产领域是一个像世界那么辽阔的战场，在这里，从事这种工作的人相互攻击，浪费了精力，而这些精力如果能像今天这样同心协力地加以使用，便可以使大家富足。在这种战斗中，根本谈不到什么慈悲或宽大，如果有人处心积虑地投入某一企业界，摧毁原先占据这个地盘的人的企业，以便在它们的废墟上建立起自己的企业，那么他的这种成就一定会博得大众的赞扬。就斗争带来的精神上的痛苦和肉体上的折磨，以及失败者和那些依靠他们的人的悲惨遭遇来说，即使把这种斗争比做真正的战争，也不能说是想入非非。现代人对于你们那个时代首先感到最惊讶的一点，就是那些从事同一生产事业的人不像同志和同事那样为了一个共同目的而友爱互助，竟然彼此把对方看成是应该扼杀和打倒的对手和敌人。这确实像一种疯狂的行为，只有疯人院里才会出现。但是，如果进一步考虑，就能看出事实并不如此。你的同时代人尽管你死我活地搏斗着，然而对自己的打算却很清楚。十九世纪的生产者不像我们的生产者那样为了集体的生存一同工作，而是各自完全为了自己的生存，牺牲集体利益。如果一个生产者在实现这个目的的过程中，同时也增加了公共财富，那也只是附带的。同样的，使用损害公共利益的办法来

充实个人私囊，不仅是可能的而且是平常的事情。每个生产者的最可怕的敌人，必然就是他的同行，因为，在你们那个以个人利益作为生产动机的制度下，每个生产者所希望的，就是他所生产的东西越少越好。从他的利益来说，除了他自己所能生产的以外，最好没有别人再生产这类商品。他所经常努力的，就是要在环境允许的条件下用打击并消灭他的同行的办法来实现上述目的。当他消灭了所有可以消灭的同行以后，他的策略就是同他不能消灭的同行们联合起来，把彼此间的战斗转变为对社会大众的战斗，采用的办法是垄断市场——我知道你们通常是这样说的——并且把价格提高到人们愿意购买这种货物时所能忍受的最高点。十九世纪生产者的梦想是企图绝对控制某些生活必需品的供应，以便使大众处于饥饿的边缘，并经常将他所供应的物品按缺货时的行情出售。韦斯特先生，这就是十九世纪的所谓生产制度。请你来评判一下，在某些方面，这是否更像是一种阻碍生产的制度。将来等我们有充分的空闲时间，我想请你坐下来和我谈一谈，让我了解那些我已经作了很多研究却仍然不能明了的情况，这就是为什么你的同时代人在很多方面都显得那么机灵，竟会把供应全体人民的事情交给一个为了本身利益而要饿死全体人民的阶级。我肯定地告诉你，我们感到惊奇的，倒不是这个世界在这种制度下没有富裕起来，而是它没有因为贫乏而彻底消灭。当我们继续研究那个时代所特有的一些其他巨大的浪费时，这种惊奇之感也就更强烈了。

“除了由于经营不当，以及在生产斗争中经常损伤元气所造成的劳动力和资金方面的浪费以外，你们的制度还容易发生周期性的波动。不论聪明的和不聪明的生产者，也不论在你死我活的斗争中是胜利者或牺牲者，都免不了同归于尽。我指的是每隔五年到十年出现的商业危机，它破坏了全国的各项生产事业，使一切薄弱的企业一蹶不振，使实力最雄厚的企业一落千丈。接踵而至的是一个长期的所谓停滞时期，通常要继续很多年，在这个期间，资本家慢慢地重新聚集他们被削弱了的力量，而工人阶级则处于挨饿和骚动之中。于是，又出现了另一个短暂的繁荣时期，接着又转入另一个危机，随后又是萧条的年代。随着商业的发展，在各国之间形成了相互信赖的关系，因此，这些危机就转变为世界性的危机。同时因为受到波动影响的范围扩大，并且缺乏挽回颓势的中心，嗣后发生的崩溃状态也就较前更为持久。随着世界生产事业的发展和复杂化，加上投资数额的增加，这些商业方面的大震动相应地更加频繁起来了，直到十九世纪末叶，便出现了一年好、两年坏的情形。而以前从来没有这么广泛、这么壮大的生产系统，在它本身的荷负下也仿佛摇摇欲坠了。经过无休止的讨论，你们的经济学家当时似乎已经开始得出绝望的结论，认为对于这些危机，正如对付旱灾或飓风那样，是没有办法加以防止或控制的。人们力所能及的，只是把它们当作无可避免的灾难加以忍受，等到它们过去以后，再把这个支离破碎的生产机构重建起来，正像一个时常发生地震的国家的居民那样，继续在原来的地点上重建他们的城市。

“你们的同时代人认识到，这些混乱的根源包含在他们的生产制度中，就这点而论，当然是正确的。这些混乱起源于制度基础的本身，当实业组织日渐扩大复杂以后，混乱就必然变得越来越严重。这些根源之一就是：不同的生产事业缺乏统一的管理，因此便不可能互相协调地、互相配合地发展。由于缺乏这种统一管理，这些生产事业必然继续不能协调而且和需求脱节。

“关于市场需求的情况，当时根本没有像有组织的分配提供给我们的那种判断标准。在任何一类生产事业中，供过于求的最初现象是物价的猛跌，制造商的破产，生产的停顿，工资的下降，或是工人的解雇。这种过程，即使在所谓景气时期，也在很多生产部门中经常进行着，但只有当受到波及的生产部门的范围相当广泛的时候，才会发生危机。于是，市场商品充斥，超过需求，不论以何种价格出售，都无人购买。制造某些过剩商品的那些人的工资和利润减少了，或完全没有了，因此，他们作为其他原非自然过剩的商品的消费者的购买力，也丧失殆尽，结果，这些原非自然过剩的商品就人为地变成过剩了。最后，这些商品的价格也暴跌下来，制造者失业了，没有收入。这时，危机已经相当严重，无法加以阻止，直到耗尽国家元气为止。

“你们的制度还包含着另一个时常制造危机并且往往严重地加深危机的因素，这就是货币和信贷这种手段。当生产掌握在许多私人手里，人们必须通过买和卖才能获得个人需要的时候，货币是必不可少的。但是，货币显然会引起这样的缺点，就是仅仅用一种习惯的象征物来代替食物、衣服以及其他东西。这就会使人们把商品及其象征物混淆起来，而信贷制度以及人们对它的巨大错觉便由此产生了。人们在习惯以货币代替商品以后，进一步以信用代替了货币，因而根本不再注意象征物所代表的商品了。货币是真实商品的一种符号，但信贷只是符号的符号而已。金银即货币本身是有一种自然的限制的，但是信贷却没有这种限制，结果，信贷(即货币信用)的数额不可能和货币保持一定的比例，更不可能和实际商品保持比例。在这种制度下，经常而带有周期性的危机必然产生，其规律有如失去重心的建筑物必然要倒塌一样。如果你们认为只有政府和它授权的银行才能发行货币，那是你们的一种幻想，只要每个人放出一元价值的信贷，就等于发行了一元货币。信贷同货币一样，能使货币流通额膨胀，直到下次危机出现时为止。信贷制度的巨大扩展，是十九世纪后期的特点，而且主要造成了这个时期所特有的、几乎连续不断的商业危机。尽管信贷如此可怕，你们也不得不加以使用，因为既然没有国家的或公共的机构把国内的资金集中起来，信贷便成为你们在生产企业方面集中资金和运用资金的唯一手段。这样一来，在扩大私人企业制度的主要危险方面，信贷便成了一个极有力的工具，因为它使某些生产部门能够吸收过多的国内游资，从而种下了灾难的种子。商业企业彼此之间或对银行和资本家经常借有巨额的信贷借款，这种信贷借款每当危机征兆最初出现时，立即被收回，因此便往往加速了危机的到来。

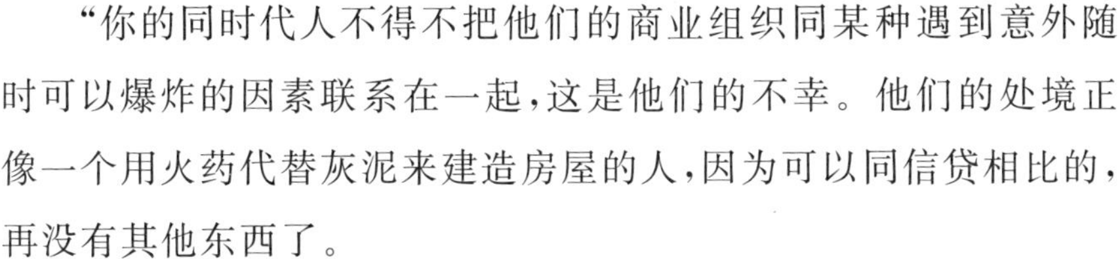

“你的同时代人不得不把他们的商业组织同某种遇到意外随时可以爆炸的因素联系在一起，这是他们的不幸。他们的处境正像一个用火药代替灰泥来建造房屋的人，因为可以同信贷相比的，再没有其他东西了。

“如果你要明白我所谈的这些商业波动是多么不必要，而这些波动又怎样完全由于私人无组织地经营生产事业造成的，你只要想一想我们制度的实际工作情况就行了。某些生产部门的生产过剩是你们那个时代的巨大妖魔，现在却不可能发生了，因为通过分配和生产之间的联系，供应与需求有了衔接，就像一架发动机同调节其速度的调节器相衔接一样。即使由于判断错误,某种商品生产过多,因而引起这方面生产的减缓或停顿,也并不会使任何人失业。暂时停工的工人立即会在这个庞大工厂的某个其他部门找到工作,所损失的只不过是一些调换工作的时间罢了。至于说到过剩,由于国家的买卖很大,不管超过需求的产品的数量多大,它都能贮存起来,以待需求赶上供应。像我所假定的这种生产过剩,对我们来说,并不像你们那样会使任何复杂的机构陷于混乱,把原有的错误扩大一千倍。当然啰,我们既然连货币都没有,更谈不到什么信贷了。一切预算都直接以实物来计算,例如面粉、铁、木材、羊毛以及劳动力等。对你们来说,货币和信贷都是这些东西的最令人迷惑的象征物。我们计算消费是不会发生错误的。从全年生产中扣除人们生活所需的数额,而且把下一年生产消费品的必要劳动力也作了准备。所剩的物资和劳动力就可以有把握地用来增进生产和改善生活。如果收成不好,大不了这一年的积余比往年少些而已。除了这种自然灾害所引起的轻微而不常发生的影响以外,并没有什么商业波动。国家的物质繁荣一代代地不断发展下去,就像一条一直在扩大和加深的河流一样。

"仅仅由于你们的商业危机,韦斯特先生,"医生接着说,"正如我刚才提到的任何一种巨大的浪费一样,就足以使你们永受折磨了。但我还必须谈一谈你们贫困的另一个重大原因,那就是,你们有很大一部分的资本和劳动力闲置不用。就我们来说,政府有责任使国内点滴可用的资本和劳动力经常得到利用。你们当时对资本或劳动力都缺乏全面管理,有很大一部分没有使用。你们常说,'资本本来是胆怯的。'在任何商业投机都有极大可能遭受失败的时候，要是不小心翼翼地投资的话，那确实是胡搞一通了。不论什么时候，只要投资稳妥可靠，投入生产事业的资本额就不愁不大量增加。投入产业生产的资金额，按照人们对生产稳定情况所产生的那种不敢肯定的感觉的大小，经常发生剧烈的变动，因此每年全国各生产部门的产量就大不相同。但是，在风险特大时期的投资额，远比在相当稳定的时期要少，根据同样道理，有很大一部分资金根本从未使用，因为在最繁荣的时期，商业的风险也总是非常大的。

“还应该看到，大量资金通常总是寻找有相当可靠保证的出路，因此，一旦出现这种投资机会，就在资本家中间引起了剧烈的竞争。资金的闲置，以及不敢轻易投资的结果，当然也相应地使劳动力闲置不用。而且，商业调整中的每一个变化，商业或制造业情况中的每一个微小的变动，往往使得许多人失业几星期、几个月甚至几年；至于在最繁荣时期内每年发生的无数商业破产所造成的失业，那就更不必说了。大批的求职者经常在国内游荡，终于成为专门的流浪者，甚至沦为罪犯。成群的失业者几乎一年四季都呼喊着：‘给我们工作！’而在商业萧条的季节里，这群人越来越多，越来越铤而走险，使政府的安全也受到了威胁。在这样一个普遍贫困、各种物资都告缺乏的时代里，资本家不得不进行你死我活的斗争，以求获得一个可靠的机会来投资，另一方面，工人们因为找不到工作而暴动和纵火；这样看来，还有什么能比这一事实更确切地证明私人企业制度根本无法成为富国之道呢？”

“说到这里，韦斯特先生，”利特医生接着说，“我希望你能记住，我所谈的这几点，表明了我们没有私人企业制度的某些致命的

缺陷和极端的软弱性，因此，只是从消极方面来证明国有生产组织的长处。你必须承认，单凭这些，已经可以很好地说明，为什么这个国家现在要比你们当时富裕得那么多。可是，我们超过你们的更多的优点，也就是积极的一面，我还没有说出来哩。假定私人企业制度没有我所说的那些大漏洞；就是说，假定没有那种由于对需求判断错误而经营失当以及对生产领域不能全面了解而引起的浪费，假定也没有因为竞争而抵消和浪费了力量，而且，假定也没有在生产破产和长期停顿期间的商业恐慌和危机所造成的浪费，也没有资金和劳动力闲置的浪费；假定这些由私人资本经营的生产事业所必然产生的缺点居然能不可思议地加以防止，同时却依然能保留这个制度，即使如此，由国家管理的现代生产制度所获得的卓越成就，仍然是非常突出的。

"即使在你们那个时代，往往也有一些规模相当大的纺织业制造厂，尽管它们不能和我们的纺织厂相比。毫无疑问，你在当时曾经访问过这些大工厂，它们占地面积很广，雇用成千上万的工人，并且把上百种不同的生产工序，例如把棉花织成光滑的棉布的各个生产工序合并在一厂之内，置于单一管理之下。每个齿轮、每只手完善地互相配合而产生的机械力量，使劳力大为节省。对于这一点，你曾感到惊羡。毫无疑问，你也曾想到，如果那个工厂雇用的工人人数不变，但是却分散独立地工作着，那么，他们所完成的工作将要减少很多。这些分散地工作着的工人，尽管彼此关系十分融洽，但是如果把他们的力量加以统一管理，他们的最大生产量不仅将按百分比而且也会若干倍地增加。对于这种说法，你会认为过分吗？因此，韦斯特先生，国家生产组织加以统一领导之后，全部生产工序都互相衔接起来，这样，它的总产量要比在旧制度下所能生产的最高产量（即使不考虑上面提过的四大浪费）增加好几倍，正如那些工厂工人通过合作所增加的比例一样。一个国家的劳动力在私人资本多头领导下（即使各领导者彼此并非仇敌）和在单一领导下相比，从效率上说，也许正如一群暴徒或一大群拥有成千小首领的野蛮民族和一支由一个将军所统率的纪律严明的队伍（例如毛奇将军[1]时代德国军队那样的战斗工具）在军事效率方面形成的对比一样。”

“听了你这番话，”我说，“我对于国家现在比以往富裕这一点，确实不那么感到奇怪了，可是你们也并不全是克里塞斯[2]啊。”

“唔，”利特医生回答，“我们都很富裕。我们的生活已经达到了我们所希望的那种舒适标准。你们那时，人们竞相铺张，除了造成浪费以外，丝毫不能使你们舒服。这种现象，在一个人民的财富完全相等的社会里，当然是不可能存在的。我们所希望的，只是一个能使我们享受生活的环境。如果我们决定使用我们生产的积余，每人确实会得到更多的收入，但是，我们宁愿把积余用在大家都能享受的公共事业和娱乐方面，用来建造公共礼堂和大楼、美术馆、桥梁、雕像、交通工具，以及改善我们城市的各种设施，举办巨大的音乐演奏会和戏剧演出，并且广泛地为人民提供休养条件。你还没有了解我们是怎样生活的哩，韦斯特先生。我们在家里过

① 冯·毛奇（Von Moltke，1800—1891），德国陆军元帅，当时著名的军事学家，普法战争的要角。——译者

② 克里塞斯（Croesus，死于公元前 546 年），利地亚（Lydia）国王，以广有财富著名。——译者

着舒适的生活，但是，我们最美好的一部分生活却是在社会活动方面，也就是和全国人民共同享受的那一方面。当你了解更多情况以后，你就会明白，像你们通常所说的那样，钱究竟用到哪儿去了。我想你会同意，我们的钱是花得正当的。”

“我想，”当我们从餐厅缓步回家的时候，利特医生议论道，“对于你们那个拜金主义时代的人们来说，没有一种责难会比指摘他们不知怎样赚钱更使他们伤心的了。然而，这正是历史替他们作出的定论。他们那种无组织的和相互敌对的生产制度，从经济观点来说是荒唐的，而且在道德上也是卑鄙的。自私是他们唯一的人生哲学，而在生产事业中，自私就是自杀。竞争是自私的本能表现，换句话说，就是力量的浪费；而联合却是进行有效生产的一个秘诀。可是，只有等到增加公共积累的观念代替了增加个人私蓄的观念，生产活动的结合才能实现；人们才能真正开始获得财富。即使说全体人民有福同享这样一个原则并不是社会唯一合情合理的基础，为了经济上的方便，我们也仍然应该加以执行，因为利己主义所具有的那种瓦解作用，如果不加以抑制，真正的生产协调是不可能的。”

第二十三章

那天晚上，我和伊蒂丝坐在音乐室里欣赏当天节目中的几段音乐,因为我对它们很感兴趣。趁着音乐间歇时,我说,“我想问你一个问题,只怕有点冒昧。”

“我相信绝不会那样,”她带着鼓励我的口吻回答说。

“我无意中成了一个偷听私话的人,”我接着说,“我曾经听到一些不该听的事情,可是,这些事情又好像是和我有关。所以,我现在冒昧地来向说话的人问个水落石出。”

“偷听私话的人!”她重复着,露出莫名其妙的样子。

“是的,”我说,“不过那是可以原谅的。我想你也会同意这种说法。”

“这真叫人摸不着头脑,”她回答。

“对啦,”我说,“就是那么叫人摸不着头脑,因此,我也时常怀疑,我想问你的这些话,究竟是真听到的呢,还是做了一场梦,我希望你能告诉我。事情是这样的:当我从那次百年长睡中苏醒过来的时候,我所能意识到的第一个感觉,就是在我旁边的谈话声。我后来知道,这是你爸爸、你妈妈和你的声音。首先,我记得你爸爸的声音说,‘他就要睁眼啦!最好只让他先看到一个人。’假使这一切都不是我在梦中听到的话,后来你便说,‘那么,答应我,你不会告诉他。’你的爸爸似乎有些犹豫,不肯答应,但你却坚持着,同时你妈妈又帮着说了几句话,最后他才同意。当我睁开眼睛的时候,我就只看到他一个人。”

我以为自己无意中听过这些话,但不敢肯定就不是在梦中听到的。我这样说,确实不是开玩笑。事情是非常令人费解,因为这些人竟会知道我这样一个和他们曾祖父同辈的人的事情,而我自己反倒不清楚。但是当我从伊蒂丝的脸上看到我的话的反应以后，我明了那并不是梦，而是另外一个秘密，一个使我从来没有感到这么困惑的秘密。因为我刚把问题的大意说清，她就变得非常忸怩不安。她的眼睛向来都是那么坦率自然的，可是在我的注视下，却慌乱地低垂下去，面庞从耳根一直红到额头。

刚才我的话造成了很大的影响，使我感到不安，当我镇静下来以后，我就说道，“请原谅，这样看来，我那时不是在做梦了。你对我隐瞒了某种秘密，某些和我有关的事情。真的，对于一个处在我这样地位的人来说，如果不把一切可能和他本人有关的事情都告诉他，岂不是有点过分了吗？”

“这和你没有关系——我是说，没有直接的关系。这并不是说你——真是那样，”她答道，声音低得几乎听不见了。

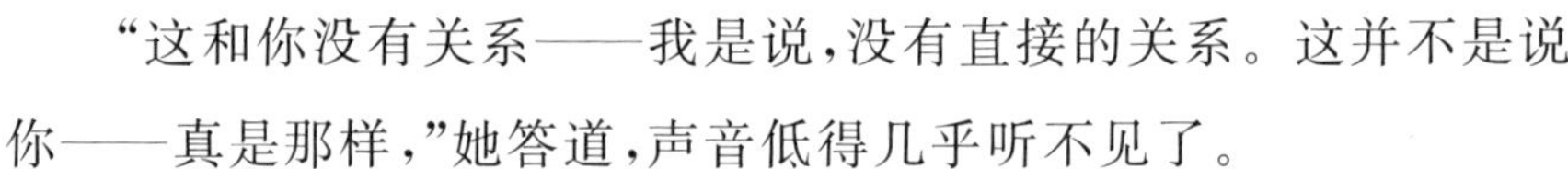

“但是多少和我有些关系，”我坚持着。“这件事情一定会引起我的兴趣。”

“就连这点，我也不知道，”她回答，大胆地朝我脸上看了一看，满面胀得绯红，然而嘴角上却浮着一丝奇妙的微笑，无意中显示出尽管这种场面很尴尬，她仍然感到某种兴趣，“就连这件事情会不会引起你的兴趣，也很难说哩。”

“你的爸爸本来会告诉我的，”我带着一点责备的语气坚持说。“就是你不让他告诉我。他认为是应该让我知道的。”

她没有回答。在慌乱中，她的整个神态变得那么妩媚动人，这时反倒使我硬要追问下去，因为我既想延长这种场面，又想满足原有的好奇心。

“那么，我就永远不会知道了吗？你永远不会告诉我了吗？”我说。

“这还得要看，”停了很久，她才回答。

“要看什么？”我追问道。

“呃！你问得太多了，”她答道。随后她抬起头来看我。她那难以捉摸的眼光，红红的双颊，以及挂着微笑的嘴唇，所有这些使她的脸显得异常迷人。她接着说，“如果我说这还得要看——你自己，你又会怎样想呢？”

“看我自己？”我跟着她说道，“那怎么可能呢？”

“韦斯特先生，我们错过一些动人的音乐了，”她只是这样回答了一句。她转向电话机，随手一按，空中就荡漾起一支柔板乐的旋律。后来，她就尽量不让音乐停止，使我没有谈话的机会。她一直把脸躲开，装着专心在听音乐，可是，她双颊上泛起的红潮完全说明了这是一种做作。

最后她提醒我，这段时间我想听的音乐都已经听完了。于是我们站起来，准备走出房去。这时她径直走到我面前，低着眼睛对我说，“韦斯特先生，你说我对你很好，其实，我对你也没有什么特别好的地方，不过假使你以为我是那样，我就要你答应，你不会再要我告诉你今天晚上提到的这件事，你也不会设法去向任何人打听这件事，譬如说，向我的爸爸或妈妈去打听。”

对于这样一个要求，只能有一个回答。“我当然答应。我使你难受，请你原谅，”我说。“假如我想到这会使你烦恼，我是绝不会问你的。不过，你会怪我好奇吗？”

“我一点也不怪你。”

“总有一天，”我又说，“即使我不强求，你自己也会告诉我的。

我能不能这样希望呢?”

“也许,”她低声地说。

“只是也许吗?”

她抬起头来,迅速而又深情地向我脸上看了一眼。“是的,”她说,“我想我会告诉你的——将来总有一天,”我们的谈话就这样结束了,因为她不给我机会再说别的了。

那个晚上,至少快到天亮,我想即使是皮耳斯伯里医生也没法使我入睡。这些日子以来,不可思议的事情已经使我习以为常了,可是以前我遇到的却从来没有这么神秘、这么令人神魂颠倒,而伊蒂丝甚至还不准我设法解决这个谜。这是一个双重的谜。第一,对于像我这样一个来自另一时代的陌生人的秘密,她竟会知道,这叫人怎能想像呢?第二,即使说她知道这一秘密,那么,她似乎由于知道这一秘密而心绪不宁,又怎样解释呢?有些难题非常深奥,人们甚至对它的答案都无法猜测,这件事情似乎就是这样一个难题。我一向是个讲究实际的人,不愿在这种难题上浪费时间;但是,这个和一位美丽年轻的姑娘有关的谜,倒不因为费解而减少它的吸引力。总之,毫无疑问,我们可以很有把握地说,少女们脸上的红晕,对于各个时代和各个民族的年轻人来说,都是表示同样意思的。可是,考虑到我的地位以及和她相识的时间,加上这个秘密根本是发生在我认识她之前,因此,要把伊蒂丝脸上的红晕解释成上列的意思,那真是太糊涂了。然而她是天仙似的一位姑娘,而我呢,如果理智和常识竟能完全消除我那晚梦境中的玫瑰色彩,那么,我也算不上是一个年轻人了。

第二十四章

清晨，我很早便下楼去，希望能单独见到伊蒂丝。可是我失望了。我在屋里没有找到她，便到花园里去找，但她也不在。在徘徊中，我来到那间地下密室，在室内坐下来休息。室内的书桌上放着几份杂志和报纸。我想利特医生可能喜欢浏览一下 1887 年的波士顿日报，随手带了一份报纸走进屋里来。

早餐时我见到了伊蒂丝。她和我打招呼，脸上泛起一阵红晕，但是非常镇定。当我们在桌边坐下来时，利特医生自得其乐地翻阅我带来的报纸。正像那个时期的所有报纸一样，这份报上登载的，大半都是关于劳工纠纷、罢工、关厂、抵制货物、劳工党派的纲领和无政府主义者无法无天进行威胁的消息。

“顺便提一下，”我说，这时医生正在把上面几段消息大声念给我们听，“在建立你们的新秩序中，红旗党的信徒们起了什么作用呢？据我最后了解的情况，他们当时嚷得挺热闹哩。”

“他们除了阻碍建立这种新秩序以外，当然做不出别的事情，”利特医生回答。“只要他们存在一天，他们就能产生很大的阻碍作用，因为他们的言论使人听得厌烦了，因此那些经过深思熟虑的社会改造计划也没有人去听了。社会改革的反对派最狡猾的手段之一，就是用钱来津贴那些家伙。”

“津贴他们！”我惊奇地喊了起来。

“当然啦，”利特医生回答。“现在，所有的历史学权威都相信，他们被大垄断公司收买，挥舞着红旗，大谈其放火、抢劫、杀人，想吓住胆小的人，以便阻止真正的改革。我最惊讶的是，你竟会毫不怀疑地落到他们的圈套里去。”

“你认为红旗党受别人津贴，有什么根据呢？”我提出质问。

“还用说吗，那只是因为他们必然看到，他们这种行径，对于他们公然自认的那种主义来说，要想赢得一个朋友就会树立一千个敌人。如果说他们不是受雇来做这种工作的，那只好把他们当作是莫名其妙的傻瓜了。[①] 特别是在美国，不论哪一政党要想明智地实现自己的纲领，首先就得使自己的主张能获得国内大多数人的拥护。国家党终于是那样做了。”

“国家党！”我喊道，“它一定是在我那时代以后成立的。我想这是一个劳工党吧。”

“呃，不是的！”医生回答。“那样的一些劳工党是永远不可能做出什么大规模的或永久性的事情的。他们仅仅是阶级组织，就实现全国性的目标来说，这样的基础是太狭窄了。只有等到大家承认在更高的理论基础上把生产制度和社会制度重新组织起来，进行更有效的财富生产，不是为了一个阶级的利益，而是为了所有阶级的共同利益——富有的和贫穷的、有文化的和无知的、老人和青年、虚弱的和强壮的、男人和女人的共同利益，这个目标才有实

① 我完全承认，除了说这些无政府主义者接受资本家的津贴以外，很难用其他观点来解释他们的行径。同时，毫无疑问，这种看法却是完全错误的。当时确实谁也没有这种看法，不过今天回想起来，它似乎显然是存在过的。

现的希望。于是就出现了国家党,用政治方法来实现这一目标。这个政党所以采用这个名称,可能是因为它的目的在于把生产和分配国有化。事实上,它也不能采用其他更恰当的名称了,因为它的目的是要实现这样一个理想:建立一个以前难以想象的宏大完美的国家,这个国家不是一个人群的联合团体,仅仅负有某种政治职能,只是间接而表面地影响人们的幸福,而是个家庭,一个充满生命力的结合体,一种共同的生活,一株参天的大树。这棵树的叶子就是它的人民,叶子从大树的脉络获得养料,从而又哺养着大树。国家党在一切可能成立的政党中是最爱国的。它设法证明爱国主义精神的伟大,竭力使这种本能的情感上升为有理性的忠诚,采用的途径是使本国国土真正成为祖国,这个祖国能够维持人民的生活,而不只是一个希望人民为它牺牲的偶像。”

第 二 十 五 章

自从我通过那么古怪的方式,到她父亲家里作客以来,我对伊蒂丝·利特的个性,自然留下了很深的印象,而且不难想象,自从昨天晚上发生那件事情以后,我会比以前更想念她了。我一开始就感到她特有的那种既明朗坦率又天真直爽的态度,就像一个高尚天真的男孩似的,而不像我所认识的任何一个女孩子。由于好奇,我很想知道,这种可爱的品质究竟有多少是她本人特有的,同时，又有多少可能是我那个时代以来妇女社会地位改变的结果。那天，我单独和利特医生在一起时，找到了一个机会，便把话题引到这方面去。

“我想，”我说，“现在的妇女已经摆脱了繁重的家务劳动，除了修饰打扮以外，也就没有什么可做的了。”

“就我们男人来说，”利特医生答道，“如果她们不做别的，而只是修饰打扮的话，我们也就认为她们已经像你们惯常所说的那样，充分地尽了本分了。但是你可以完全相信，她们志气很高，不情愿只是坐享社会劳动的成果，即使说由于她们为社会增添了风致，理应得到这种报酬。她们对于能够摆脱家务劳动确实感到高兴，因为这种工作本身不但使人非常劳累，而且和合作方式相比，也极其浪费人们的精力；不过，她们之所以愿意放弃这类工作，只是为了要通过其他更有效、更愉快的方式来对公共福利作出贡献。我们的妇女正如男子一样，都是生产大军的成员，只有当她们要去完成母亲的职责时才离开工作。结果，大部分妇女在她们一生的不同时期内都在生产大军中服务五年、十年或十五年左右。那些没有孩子的妇女就做完整个服务期限。”

“那么，一个妇女结了婚，也不需要离开生产工作吗？”我问。

“和男子并没有两样，”医生答道。“她为什么要离开呢？你知道，结过婚的妇女现在没有管家的责任啦，而她丈夫又不是个小孩，干吗一定要她照顾呢。”

“人们都认为，要妇女做那么多劳累的工作，是我们那个时代的文明最令人痛心的特点之一，”我说，“但是照我看来，你们对妇女的要求却比我们更多。”

利特医生笑了起来。“我们确实像要求男子那样要求她们。但这个时代的妇女是很愉快的。在十九世纪，如果现代有关材料没有使我们产生很大误解的话，妇女是很可怜的。今天妇女所以能够比以前更有效地和男子一同劳动，并且又非常快乐，就是因为我们对待她们的工作和对待男子的一样，都是按照这样的原则：把最适当的工作分配给每个男女。妇女在体力方面不如男子，而且也不适宜担任企业中的某些特殊工作，因此，留给她们的那类工作，以及她们进行工作的环境条件，都是参照这些实际情况而决定的。不论在什么地方，凡是较重的工作都留给男子，而让妇女去做较轻的工作。并且不论在什么情况下，根据劳动的性质和强度，任何工作如果不完全适合一个妇女的性别，那就绝不容许她参加。此外，妇女的工作时间要比男子短得多，享有更多的假期，并且当她们有需要时，就会非常周密地安排她们的休养。在今天，男人们充分体会到，他们生活的主要乐趣和努力工作的重要动力，都归功于妇女的美丽和温雅。他们所以允许她们去工作，也只是因为大家都很清楚，在她们体力最旺盛的时期，要求她们进行某种适合她们能力的经常劳动，对于身心都有好处。我们相信，现代妇女出色的健康，和你们当时妇女往往带有病态的样子显然不同，这多半是由于她们毫无例外地参加了对健康有益的、令人振奋的职业的缘故。”

“我懂得你的意思，”我说，“女工也属于生产大军，但是既然彼此的劳动条件那么不同，她们怎能同男子一道遵守同样等级和纪律的制度呢？”

“她们有一种完全不同的纪律，”利特医生回答，“与其说她们是男子生产大军的组成部分，还不如说是同盟军。她们有一个女总司令，并且完全归妇女领导。这位将军，正如高级长官一样，是由生产大军退休的全体妇女推选出来的，其方式与推选男子生产大军长官和国家总统相同。女子生产大军总司令是总统的阁员，可以否决有关妇女工作的方案，并得向议会提出申诉。在谈到司法制度时，我本来也该说一下，法官中有男子也有妇女，她们是女子生产大军总司令任命的。凡双方都是妇女的案件，就由女法官审理。如果案件的双方是一男一女，判决必须得到男女法官的同意。”

“在你们的制度下，妇女似乎被组织成为一种主权内的主权了，”我说。

“在某种程度上确是如此，”利特医生回答，“不过你也会承认，这种内部的主权大概对国家是没有多大危险性的。你们的社会有无数的缺点，其中之一就是你们不大同意两性之间这种不同的特点。男女之间存在着情欲的吸引力，常常使人理会不到这种巨大的差别，但这种差别在许多方面却使得男女互不了解，而只能关心自己的同性。正因为充分发挥了两性间的差异而不是企图抹杀这种差异，男女本身的幸福和彼此间的吸引力才能同样得到增进。你们那个时代的某些社会改革家所作的努力，显然也是为了这个目的。在你们那个时代，妇女除了同男子进行那种不合人情的竞争以外，是没有发展前途的。我们却给她们以自己的天地，她们可以有竞赛，有远大的志向和发展的前途。我可以向你保证，她们在自己的天地里是非常快乐的。我们认为，在你们那种文明的制度下，妇女要比任何其他阶级遭受更多的灾难。她们的生活使人厌倦而没有前途，结婚以后又受到束缚。她们狭窄的小天地，从物质上来说，往往被家庭的四壁所包围，从精神上来说，又被个人兴趣的小圈子所限制，因此，即使经过了这么长的时间，想到她们的某些情况，总令人觉得她们非常可怜。我现在所说的并不只是那些总是劳苦到死的比较贫苦的阶级，我所说的，还涉及中等阶级和有钱阶级。她们无法摆脱人生巨大的哀愁和无聊的忧虑，也不能到外界人类蓬勃的活动中找到立足的地方，除了家庭以外也没有任何别的兴趣。就是对男子来说，这样一种生活方式也必然会使他们的智力退化或逼得他们发疯。但所有这一切，今天都变了。今天，再听不到有哪一个妇女希望自己变成男子，也再没有喜男厌女的父母了。我们现在的女孩正和男孩一样，对于自己的前途有着远大的志向。如果她们到了结婚的时候，那也并不意味着她们将从此被幽禁起来，也绝不会使她们和社会上更广泛的兴趣以及世界上生气勃勃的生活隔绝开来。只有当一个女人的心灵中充满了母爱，引起她的新的兴趣，她才会暂时摆脱世务。以后不论何时，她可以回到原来岗位上和同志们在一起，她也不需要和大家断绝联系。现在的妇女和人类过去历史上的妇女相比，是非常快乐的，而且她们使男子获得幸福的那种能力当然也相应地有所增加。”

“我想可能会产生这样的情况，”我说，“由于女孩子是生产大军的成员，并且有希望获得其他荣誉地位，因此她们对于自己的事业的兴趣可能使她们不想结婚。”

利特医生微笑着。“用不着在这方面操心，韦斯特先生，”他答道。“造物主已有妥善的安排了。不管男人和女人的性情随着时间的转移会有什么其他变化，他们之间的相互吸引力将永远不变。

在你们那个时代，人们为了生活而进行斗争，很少有时间去想别的事情，同时，茫茫的前途也令人有这样的感觉：要尽父母的职责，往往就像冒着犯罪的危险似的，即使是这样，还是免不了要有婚嫁的事情，这也足以证明这一点是无可争论的了。至于现代的恋爱，我们有个作家说过，过去由于男女不关心生活而在心中留下的空白，现在已完全被柔情蜜意填满了。那种说法，请你相信，也多少是有点夸张的。至于其他方面，由于结婚已绝对不再成为妇女事业的障碍，女子生产大军中的高级职位只有那些既是妻子又是母亲的妇女才能担任，因为只有她们才能充分代表女性。”

“取货证是否也像发给男人那样发给妇女呢？”

“当然。”

“我想，既然妇女时常为了家务而要中断自己的工作，她们得到的配给额就会少一些吧。”

“少一些！”利特医生惊讶地说，“呃，不！我们全体人民的生活供给都是相同的，没有任何例外。不过，假使像你说的那样由于中断工作而生活待遇上有什么差别的话，那也只是应该把妇女的配给提高，而不是减少。你还能想出哪种服务能比生育与抚养国家的下一代更有权利博得国家的感激呢？按照我们的看法，谁也不能比贤明的父母更应该受到人们的尊敬了。没有一件工作能像抚养孩子那样毫无私心，那样不期望报答了，尽管我们在心里会获得很大的安慰，因为在我们死去以后，我们的孩子将会共同建设这个世界。”

“根据你的话来推测，似乎妻子已绝不需要在生活上依赖她的丈夫了。”

“她们当然不必依赖了，”利特医生回答，“就连孩子们也不需要依赖父母了。这指的是生活方面。在感情方面，他们当然还是少不了父母的抚爱的。当孩子长大以后，他的劳动所得将增加公共财富，而不是增加他们将要死去的父母的财富，因此，使用公共财富来使他得到良好的教养。你必须了解，不论男女老幼，每一个人的费用账目一概都由国家直接负责，从来也不通过任何中间人，当然，除非父母在某种程度上作为孩子们的监护人。你可以看到，由于个人和国家关系密切，由于他们是国家的一分子，他们有权获得生活供应。这种权利，同他们和其他个人的关系毫不相干，也不受其影响，因为他们和这些人都是国家的成员。如果任何人要依靠别人来取得生活供应，那么，从道德上来说，这是非常荒谬的，而且按照任何合理的社会理论来说，也是不能成立的。根据这种安排，个人的自由和尊严将会变成什么样呢？我知道，你们自称在十九世纪是自由的，然而在当时，这个名词的概念绝对不能和今天等同。否则，你们一定不会使用这个名词来形容这样一个社会，在这个社会里，几乎每人在生活供应方面都对别人有一种难堪的私人依赖关系：穷人依靠富人，雇员依靠雇主，妇女依靠男人，孩子依靠父母。你们并没有使用那种似乎是最自然、最明显的办法，即把国家产品直接分配给人民，而从实际情况看来，你们却费尽心机想出了一套私相授受的分配办法，从而使接受配给的各个阶级都受到了莫大的个人屈辱。

“至于妇女依靠男人生活，这在当时也是惯常的现象，当然啰，在由于恋爱而结婚的情况下，男女间的自然吸引力时常使得这种依赖关系可以令人忍受；不过对于有血性的妇女来说，我想这永远

是一种耻辱。至于妇女为了生活，不论是否通过结婚的形式，而必须把自己卖给男子，那么，在无数这样的实例中，这种依赖关系又是怎样的呢？即使你们同时代的人对于他们社会的最可恶的现象熟视无睹，似乎也认为这是很不应该的；不过，他们也只是由于怜悯，才对妇女们的悲惨命运表示感叹。但是他们并没有想到这是一种掠夺，也是一种残酷行为，因为男人们霸占了世界上的全部产物，却让妇女们来乞求或者用甜言蜜语来求得她们的一份配给。哎哟！——你看，韦斯特先生，我真的对你唠叨个没完啦，就像那些可怜的妇女所忍受的掠夺、悲哀和耻辱，并不是一个世纪以前的事，或者仿佛是要你负责似的，其实你对这件事情无疑地是和我感到同样遗憾的。”

“对于当时世界的情况，我也必须承担一份责任，”我答道，“我能提出的一切解释就是，只有等到国家有条件实现目前这样有组织的生产和分配的制度，妇女的地位才能得到彻底的改善。正像你说的那样，妇女软弱无能的根源在于她们个人依赖男子生活。除了你们现在所采取的那种社会组织形式以外，我也想不出什么其他方式可以使妇女不依赖男子，同时也使得男子互不依赖。而且我猜想，妇女地位有了这么彻底的改变，这就不可能不对两性的社交关系产生显著的影响。我倒很有兴趣想研究这个问题。”

“你能看到的改变，”利特医生说，“我想主要是那种十分坦率而又毫无拘束的关系现在已经成为男女社交的特点，这和你们那个时代矫揉造作的男女社交关系形成了一个对比。现在两性以完全平等的地位毫无拘束地来往，他们互相追求，只是为了爱情而没有其他目的。在你们那个时代，妇女依靠男子赡养，因此事实上主要是妇女这一方受到了结婚的好处。我们根据当代的记载可以判断，这种情况在社会地位较低的阶级中大致可以看出，但在比较文雅的阶级中，却被一种繁文缛节所粉饰，目的是要造成恰恰相反的印象，就是说，主要是男子这一方受到了好处。为了保持这种习俗，就有必要让男子一直装成一个求爱者。因此，倘若一个妇女在男子表示有意娶她以前流露出对男子的爱慕，那就再没有比这更失体统的了。真的，我们图书馆里就藏有你们那个时代的作家的著作，内容恰恰就是讨论妇女是否能在某种假定的条件下没有被人追求便吐露爱情而又不失其女性的尊严的。所有这些，在我看来，是极端荒谬的。不过，我们也了解，在你们那种环境下，这个问题可能有其严重的一面。当一个妇女对一个男子求爱，事实上就等于是要他承当赡养的重担时，人们不难理解，妇女一定会由于自尊和羞怯而不敢流露真情。韦斯特先生，当你和我们的社会发生接触时，我们的年轻人往往会向你盘问这个问题，你得准备怎样应付才好，因为他们对于这方面的旧习俗当然是很感兴趣的。”①

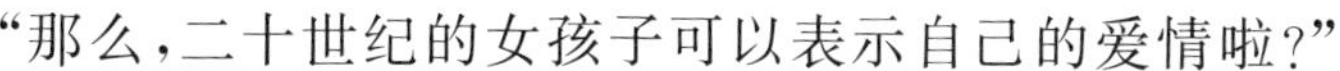

“那么，二十世纪的女孩子可以表示自己的爱情啦？”

“只要她们愿意，”利特医生回答，“她们，正如她们的爱人一样，不再装模作样把感情隐藏起来了。一个女孩子卖弄风情，会像一个男子那样受到很大的鄙视。在你们那个时代，一个女孩子故意装作冷淡，也骗不过一个求婚者，但现在却可以使他完全受骗，因为谁也想不到会这样做的。”

---

① 我可以说，我个人的经验已经充分证实了利特医生的警告。现代的青年，特别是青年妇女，对于他们喜欢称之为十九世纪式恋爱的奇风异俗，产生了极为广泛而又浓厚的兴趣。

“我自己也能看出妇女取得独立地位后必然产生的一个结果,”我说,“现在男女结婚必然是双方情投意合的。”

“当然如此,”利特医生回答。

“在一个社会里,一切婚姻都是爱情的结合,这真叫人难以想象!哎呀,利特医生,你再也体会不到,这样一个社会在一个十九世纪的人看来是多么令人惊异的现象啊!”

“我在某种程度上也可以想象,”利特医生回答。“但是,你所庆幸的那种纯洁的爱的结合,也许会有你最初还不能体会得更深的意义。它意味着,人类有史以来第一次毫无拘束地执行了选择异性的原则,及其保留并延续种族中的优秀类型而淘汰低劣类型的倾向。妇女再不会因为贫穷和需要成家,而接受她们既不喜爱又不尊敬的男子来做她们未来孩子的父亲了。财产和地位也不能转移人们对个人品德的重视。黄金再也不能‘使一个傻瓜掩饰他的愚蠢了’。人才、头脑、性情、美貌、智慧、口才、仁慈、慷慨、和善、勇敢等天赋,肯定会遗传给后代的。每一代都比上一代经过了更精密的选择。人性喜爱的那些特性被保存下来,而人性所厌恶的却被扬弃了。当然,有许多妇女在爱情中也会掺杂着对男子的崇拜,企图同地位较高的人结婚。但这些妇女却并不违反同一法则,因为今天同地位较高的人结婚,并不等于同有财产或有官衔的男子结婚,而是同那些杰出的、对人类作出不可磨灭的光辉贡献的男子结婚。这些人在今天成为唯一享有荣誉的社会显要了。

“一两天前,你曾经谈到,我们人民的体质胜过了你们那个时代的人民的体质。当时我曾说过一些促成种族纯洁的原因,可是,不论哪个原因,都不如自由选择异性这个原则对以往两三代的体

质的影响那么重要。我相信，当你对我们的人民进行了更充分的研究以后，你会发现他们不但在体质上，而且在思想上和道德上都有了进步。如果不是这样，那倒是怪了，因为不但大自然的一个伟大法则现在可以自由发挥作用，使种族得到挽救，而且还有一种深刻的道义感在支持这个法则。在你们那个时代，个人主义是一种推动社会前进的思想，但它不仅危害人们之间的友爱和共同利益的一切重要情感，并且也使活着的一代无法实现对下一代的责任。在以往的各个时代里，人们事实上都没有认识到这种责任感，但在今天它却成为人类伟大的伦理观念之一。这个观念以强烈的责任心来加强人们在婚姻中要选择最优秀、最高尚的异性的那种自然的本能。结果，我们用来发展人们的勤劳、天才异禀以及其他一切优秀品质的各种鼓励和刺激的办法，并不是全部都像我们的妇女那样能够影响年轻人，因为我们的妇女处在种族裁判者的崇高地位，只肯嫁给具有优秀品质的人。一切鞭策、刺激、诱导和奖励的办法，都不像妇女的笑脸那样有效；懒汉们会发现，妇女是不会让他们看到笑脸的。

“今天的独身者，几乎毫无例外地都是社会上毫无出息的人。一个女人，由于对这样一个不幸者的怜悯，甘冒当代的大不韪（在其他方面，她是不受舆论指责的），竟然嫁给他，那么她一定是个勇敢的女人，尽管她没有把自己的勇敢用于正途。我还得补充一句，她将发现，在对她的批评中，妇女的情绪要比任何其他因素都更严厉而不可抗拒。我们的妇女是未来社会的监护人，而且受托掌握未来的命运，这样，她们就已经尽了她们最大的责任。她们在这方面的责任感，已经成了一种宗教的皈依。这是一种崇拜，她们对自己的女儿从小就给以这种教育。”

那天晚上回房以后，我坐到深夜，阅读利特医生给我的一本贝里安所著的传奇小说。小说的情节以利特医生最后所说的有关父母责任的现代观念那段话里的某种情况为中心。同样的情节如果让一位十九世纪的小说家来处理，几乎必然是要激起读者对于一对情侣的感伤的自私感情产生不健康的同情，并使读者对他们所触犯的不成文法表示愤慨。我不需要叙述——因为谁没有看过《鲁思·埃尔顿》这部书呢？——贝里安采取了怎样不同的处理方法以及使用什么巨大的力量来坚持他所说的原则：“对于还未出世的婴儿，我们具有和上帝一样的权力，我们所负的责任也正像上帝对我们的责任一样。我们怎样对待他们，上帝也会怎样对待我们。”

第二十六章

我想，如果一个人对于一星期有几天都弄不清，还居然得到原谅，那么我的处境就可以使人对我更加原谅了。真的，如果有人告诉我说，计算时间的方法已经完全改变，现在一星期已经不是按七天而是按五天、十天或十五天计算，那么，在耳闻目睹二十世纪的事物以后，我对这一点也绝不会感到惊奇了。在上次谈话后的第二天早晨，我才第一次想到要问一下一星期究竟有几天。在早餐桌上，利特医生问我是否想听讲道。

“那么今天是礼拜天吗？”我惊异地问道。

“是的，”他回答。“你知道，我们在星期五幸运地发现了那间地下室，因此今天早上才能同你处在一起。你是在星期六早晨刚过半夜时第一次醒过来的，到礼拜天下午你第二次醒来时，神志才完全恢复。”

“这么说来，你们仍然有礼拜天和讲道啦，”我说。“我们有些先知曾经预言，不必等到这个时代，世界上早就不会有礼拜天和讲道了。我很想知道，教会组织怎样同你们社会制度的其他方面相适应。我想，你们大概有一种国家教会和公职牧师吧。”

利特医生笑了起来，利特太太和伊蒂丝似乎也觉得我的话非常有趣。

“怎么啦，韦斯特先生，”伊蒂丝说，“想必你把我们当作怪物了。你们在十九世纪就已经废除了国家宗教组织，难道你以为我们又把它们恢复了吗？”

“可是，既然一切建筑物全归国有，而且每人都得从事生产工作，那么，这种情况又怎能同自愿结合的教会和非公职的牧师职业不发生矛盾呢？”我问道。

“在这一百年内，人们的宗教习俗自然有了显著的变化，”利特医生答道，“不过即使这些习俗一直原封未动，我们的社会制度也会对它加以妥善安排的。国家在得到交付租金的保证下，对任何人或任何一部分人都供给房屋。只要他们交付租费，就可以一直居住下去。至于说到牧师，如果有一批人希望某人脱离国家的一般服役，去替他们的某种特殊目的服务，他们总是可以如愿以偿

的——当然，这也要他本人同意——正如我们可以找到人来担任编辑一样。处理的办法是：从他们的取货证上扣下一笔费用付给国家，用来补偿此人没有参加一般生产工作而使国家遭受的损失。替这个人偿付给国家的这笔费用，相当于你们那个时代付给他本人的薪金。这个原则可以适用于各种情况，因此在国家无须过问的一切琐碎事务中，私人便有充分的自由活动的余地。至于说到今天的讲道，如果你愿意听的话，那你可以到教堂去，也可以待在家里。"

"要是待在家里，我怎么听呢？"

"只要准时同我到音乐室去，找个圈椅坐下来就行了。有一些人仍旧愿意到教堂去听讲道，但是大多数的传道，都和我们的音乐演奏一样，不在公共场所举行，而是从装有播音设备的房间用电话播送到各个订户家里。假使你愿意到教堂去，我也很高兴奉陪，不过老实说，我相信不论你在哪里听讲道，大概也比不上在家里听到的那么好。我从报上看到巴顿先生今天早晨将要讲道，他只通过电话播讲，听众往往达十五万人。"

"在这种环境下听讲道，倒也新鲜。即使没有别的理由，单凭这点，我也愿意做巴顿先生的听众了，"我说。

一两个钟头以后，当我正坐在图书室里看书的时候，伊蒂丝来叫我了。我跟着她到音乐室去，利特先生和太太正在等待着。我们刚刚舒服地坐定，就听到叮当的钟声，隔了一会儿，一个男人的声音向我们讲起话来，声调高低和平常谈话一样，简直就像房里有个隐身人在说话似的。下面就是他的讲话：——

巴顿先生的讲道

“在过去一周内，在我们中间出现了一位来自十九世纪的评论家，一位属于我们曾祖时代的活着的代表。如果这么一件离奇的事情没有在某种程度上强烈地影响到我们的想象，那就奇怪了。也许，我们许多人都感到兴奋，要想多少了解一些一百年前的社会，并各自猜想那个时代的生活究竟是怎样的。现在，当我请求大家对我所产生的有关这个问题的某些感想加以思考时，我姑且假定自己是遵循着而不是打乱诸位的思路。”

这时，伊蒂丝对她父亲轻轻地说了几句话，他点了点头表示同意，然后转身问我。

“韦斯特先生，”他说，“伊蒂丝觉得，巴顿先生选定的这个演讲内容，在你听来可能会感到有点刺耳。倘若如此，你也未必就会上当，听不到讲道。只要你愿意，她会替我们把通往斯维策先生广播室的电话接通，我仍然可以保证你听到非常精彩的讲道。”

“不，不，”我说。“请相信我，我还是宁愿听一听巴顿先生究竟讲些什么。”

“随你喜欢吧，”我的主人回答。

当她父亲和我谈话的时候，伊蒂丝已经捺了一下开关，巴顿先生的声音戛然而止。现在，她重捺一下，屋里便又充满了刚才已经使我感到非常亲切的那种真挚动人的声调。

“我很冒昧地假定，通过这种回顾既往的努力，大家已经获得了一个共同的印象，这使我们对于人类在短短一个世纪里所经历的物质和精神方面的惊人变化，比以前更感到惊讶。

“然而，就十九世纪我们全国以及整个世界的贫困和今天的富足的差别而论，它可能还不如以前人类历史上出现过的情况，譬如说，它可能还不及我国在十七世纪殖民时代最初阶段的贫困和十九世纪末期的相对富裕的差别，或者还不及英国在征服者威廉第一[①]时代和维多利亚[②]时代之间的差别。尽管当时一个国家总的财富不像现在这样可以当作衡量人民大众生活水平的确切标准，可是上面列举的这些实例，同十九世纪与二十世纪之间的单纯物质差别相比，也有部分相似之处。只有当我们思考这种道德方面的差别，我们才发现，不管我们回顾历史上哪个时代，摆在我们眼前的情况都是前所未有的。也难怪有人会惊讶地说，‘真的！这倒像是一个奇迹！’可是，当我们抛开空想，开始仔细研究这件好像令人难以想象的怪事，却发现这件事毫不足奇，更谈不上什么奇迹了。要说明我们面前的事实，倒无须假定人类在道德上获得了新生，或者假定完全消除了邪恶，只留下了善行。从环境的改变对于人性的影响中，就可以找到简明的解答。摆在我眼前的事实只不过意味着一种社会制度被另一种制度所代替而已；前者以自私的、虚拟的个人利益为基础，完全依靠人性中的反社会的和残酷的特性才能存在；后者以合理的、大公无私的真正个人利益为基础，完全要靠人类爱群的和慷慨的本性来加以支持。

① 征服者威廉第一（1027—1087），原来是诺曼底地方的公爵，1066 年征服英国。在他执政期间，连年发生战争，人民生活异常困苦。——译者

② 维多利亚（1819—1901），英国女王，其统治时期在英国历史上被称为维多利亚时代。当时英国由于对外进行侵略并掠夺殖民地财富，因而经济文化十分昌盛。——译者

“我的朋友们，如果你们想看到人们重新变成像他们在十九世纪那样的野兽，只要恢复旧的社会制度和生产制度就行了。那种制度教人把自己的同胞当做天生的压榨对象，并作出损人利己的勾当。毫无疑问，在你们看来，不管自己怎样窘迫，也不至于用巧取豪夺的手段去掠夺和自己同样穷困的人来养活自己。但是，如果你们所负担的不仅是你们自己的生活，结果又会怎样呢。我很清楚，在我们祖先中间，想必有许多这样的人：如果他们只是为了个人的生活问题，他们宁死也不会从别人手里抢夺面包来养活自己。可是，现实却不让他们这样做。他们有亲人要依靠他们。那时候，也和现在一样，男人爱着女人。只有上帝知道他们怎么竟敢做起父亲来了，但是，他们却有小孩，而且他们心疼这些小宝贝，自然也同我们心疼自己的孩子一样，必须供给他们衣食和教育。最驯良的动物在哺育幼雏的时候也会变得凶猛，而在那个尔虞我诈的社会里，为了争夺面包，最温和的人也会产生不顾死活的反常念头。为了养活那些依赖他生活的人，一个人不可能有其他的选择余地，而只能投入这个肮脏的战斗中去，——哄诈，欺骗，排挤，诈取，低买高卖，打破邻居养活子女的饭碗，诱骗人们购买不该买的东西，出售不该出售的东西，虐待工人，剥削债务人，欺骗债主。尽管有人含着眼泪用心寻找，也不容易找到一种维持生活、养育全家的方法，因此，只得抢到软弱的竞争者之前，从他嘴里夺取食物。即使是牧师，也难逃这种不可避免的残酷命运。他们告诫教徒不要爱钱，可是一想到家庭，也免不了期望自己的职业能获得金钱奖励。可怜的人们，他们的职业确是痛苦的职业！他们劝告人们做一个慷慨无私的人，可是他们和每个人都知道，在当时社会的现实

情况下，人们如果这样做，就会变穷。他们规定了行为的准则，但人们自我生存的本能却又促使他们不得不破坏这种准则。这些高尚的人们看到了社会不人道的惨状，便悲叹人性的堕落；仿佛在这个魍魉世界中，天使般的本性原不该被玷污似的！啊，朋友们，请相信我，能证明人性之中寓有神性的，并不是现在这个快乐的时代，而是那些罪恶的日子。那时候，即使是彼此为了单纯生存所作的斗争——怜悯在这里是愚蠢的——，也不能使慷慨和仁慈这种品质完全从世界上消失。

“如果我们了解得不到黄金意味着什么，了解贫穷在当时是怎么一回事，我们就不难理解，那些原来十分温和而富有恻隐之心的男女们，为什么为了争夺黄金就不顾死活地相互厮打。因为，夺不到黄金，从身体方面来说，就意味着饥渴交迫，忍受酷暑和严寒的折磨，病中无人过问，健康时永无休止地从事苦役；从德性方面来说，就意味着忍受压迫和屈辱，忍气吞声地受人侮蔑，自幼便落入粗暴的社会阶层，完全丧失了童年的天真，丧失了女性的娴雅和男性的尊严；在精神方面，就意味着愚昧一生以至于死，所有使我们有别于禽兽的那些才能都被埋没了，生活只不过是生老病死而已。

“啊，我的朋友们，如果你们不能发财致富，你们和你的孩子们就必须忍受这样的命运，那么试想，你们堕落到你们祖先的那种道德水平，又要多久时间呢？

“大约两三个世纪以前，印度发生过一桩野蛮事件，被害的虽然只有几十条人命，可是由于案情特别恐怖，使人永远不能忘记。一批英国犯人被拘禁在一间屋里，里边的空气只够十分之一的人呼吸。这些不幸者都是很英勇的人，在服役期间彼此都是亲密的战友，可是，当窒息的痛苦开始攫住他们，他们便忘去一切，卷入了一场可怕的斗争，每人只顾自己，不顾别人，抢着要接近牢房的那些通风小孔，因为只有那里才能呼吸到一丝空气。在这场斗争中，人们变成了野兽。几个生还者所叙述的恐怖情形，使我们的祖先大为震惊，因而在一个世纪以后，我们发现他们在著作中常常提到这件事，把它当作一个典型的实例，说明人类在精神与肉体上可能受到的最大的痛苦是骇人听闻的。他们料想不到，在我们看来，‘加尔各答土牢’以及其中疯狂的人群为了要在通风处占得一席之地而相互厮打践踏的景象，就像他们当时社会的一个鲜明缩影。不过，这个缩影还不能当作全貌，因为在‘加尔各答土牢’里没有柔弱的妇女，没有幼童和老人，也没有残废者。在那里痛苦挣扎的，至少都是身强力壮、能够吃苦的男人。

“当我们想到我刚才所说的那种古老的社会制度一直保留到十九世纪末期，尽管我们现在对于继之而来的新的社会制度已经感到陈旧，甚至连我们父母一代也不知道有什么其他的制度，然而，我们对于人类从未经历过的如此深刻的变化竟能突然完成，却不能不感到震惊。但是如果我们观察一下十九世纪最后二三十年中我国人民的精神面貌，我们的惊讶大半都会消失。虽然不能说当时的任何一个社会已经具有现代所谓的一般智慧，但和以前各代相比，当时的一代却是聪明的。即使是这种较高的智慧，结果必然也能使人看出社会的罪恶，这是一般人以前一直认识不到的。毫无疑问，在以前的时代里，这些罪恶甚至还要严重得多。但大众的智慧不断增长，因而才会有这种不同的认识，正如晨曦揭露了在黑暗中似乎还可容忍的肮脏环境一样。这个时期的文学作品的主调，是对贫苦不幸的人们表示同情，并且对社会组织无法改善人们的悲惨境遇这个事实，愤慨地加以谴责。这些激昂慷慨的呐喊，清楚地表明了当时最优秀的人们，至少像昙花一现似的，已经充分认识到他们周围景象中的可怕的道德状况了。他们当中一些比较敏感而又心胸豁达的人，由于强烈的同情，感到自己的生活几乎是不可忍受的了。

“虽然他们根本没有领会到那种人类大家庭紧密团结的思想和人类同胞关系的真实性，没有像我们那样把它当作道德准则，可是，如果认为他们全无类似的感觉，那也是错误的。我可以把当时某些作家的十分优美的文章念几段给你们听，你们可以看出，当时有少数人已经清楚地认识到这种观念，但多数人当然还是模糊的。而且，不要忘记，十九世纪名义上是一个基督教世纪，但社会的全部商业制度和生产制度却体现了反基督教的精神，这对耶稣基督的那些徒有其名的信徒们来说，必然会有某种压力，尽管我也承认这种压力是微乎其微的。

“我们要问，为什么没有更大的压力，为什么一般说来绝大多数人早已承认当时社会制度的严重缺点，他们却仍然加以容忍，或是只满足于谈论其中零星点滴的改良。这时我们想到了一个非常离奇的事实。在那个时代，甚至最优秀的人们也深信不疑：在人类本性中，可以作为社会制度坚实基础的唯一可靠因素，就是它那最恶劣的倾向。他们所受的教育使他们相信，只有贪婪和自私自利这些特性才能把人类结合在一起，如果挫折这些动机或抑制它们的作用，人类的一切结合都将被破坏无遗。总之，他们所相信的——甚至那些不想这样相信的人们所相信的——正与我们认为是显而易见的东西背道而驰。也就是说,他们相信,正是人们的反社会性,而不是他们的社会性,提供了一种巩固社会的力量。他们认为下面这种情况是合情合理的:人们共同生活的唯一目的,只是为了欺诈和压迫别人,并受别人的欺诈和压迫;当一个社会能允许这些恶劣的倾向得到充分发展,它便可以存在,另一方面,一个社会如果是根据有利于集体的合作观念建立起来的,则很少有存在的可能。倘若要人相信,人们曾经严肃地接受过这样的信念,那似乎是荒谬的;其实这些信念不仅为我们曾祖一代所接受,而且在人们普遍确信旧制度具有不可容忍的缺点以后,还长期推迟了旧制度的废除。这个事实正如任何其他历史事实一样,是确定无疑的。这正足以说明为什么在十九世纪最后二三十年中,文学作品中充满了深沉的悲观情绪,诗歌中带有哀伤情调而在幽默中又带有讥讽。

"他们感到人类的处境不能忍受,却又无法明确地找到更好的出路。他们相信,人类进化的结果已经到了一条死巷,前面已经是无路可走了。当时人们的心理状态,可以从留传下来的文章中得到充分的说明,甚至在今天,好奇的人还可以到图书馆里去查阅。这些文章提出了苦心孤诣的论点,目的在于证明,尽管人们的处境悲惨,但经过考虑以后,还是这种思想略占优势:也许生毕竟胜于死。他们自暴自弃,也藐视造物主。宗教信仰普遍衰退。微弱黯淡的光线透过布满疑虑和恐惧的天空,只能显示出大地上的骚乱。人们竟会怀疑赋予他们生命的上帝,或者畏惧那塑造他们躯壳的双手,在我们看来,这确是一种令人可悲的癫狂。不过我们必须记住,白昼勇敢的孩子,有时在夜晚却变得莫名其妙地胆小害怕。现在黎明已经到来。在二十世纪中，人们很容易信赖天父了。

“在这种性质的演讲中，我刚才必须扼要地提到某些原因，这些原因使人对于接受从旧制度到新制度的转变在心理上有所准备；同时也提到了某些由于失望而产生的保守主义的原因，这些原因在时机已经成熟以后，曾使这种转变推迟了一个时期。如果人们对于这种变化在他们最初认为可能实现以后便迅速获得实现而感到惊讶，那就是忘记了希望对于长期习惯于失望的心灵所具有的陶醉作用了。经过了如此漫长的黑夜，灿烂的阳光必然会使人眼花缭乱。人们一旦觉悟到，人生的意义毕竟不是做一个侏儒，他的矮胖的躯体不足以说明人类可能成长的高度，而是认为人类所处的境界正面临着无限的发展前途，这时候，他们的反应必然是不可抗拒的。显然，没有任何东西可以遏制新的信念所鼓舞起来的这种热情。

“最后，人们一定已经感到，摆在他们面前的事业使得历史上最伟大的事业都显得微不足道了。这是毫无疑问的，因为这个事业本来会使千千万万的人为它牺牲，结果却一个人也不需要牺牲。在旧社会里，即使一个小小的王国，在改朝换代时所牺牲的生命，往往比这个使人类最后走上康庄大道的革命还要多些。

“毫无疑问，如果有人获得了我们今天的光辉时代的生活幸福以后，还希望能有另一种命运，那就是不安分守己了。然而，我却时常想到，我宁愿把自己在这个安宁而又光辉的时代中的生活去换取那个在暴风骤雨的转变时期中的生活。在那个时代里，英雄豪杰打开了紧闭着的通向未来的大门，使一个绝望民族的兴奋眼光所看到的，不再是堵塞他们去路的无窗的围墙，而是进步的远景，这个异常光辉灿烂的远景至今还使我们不敢逼视。啊，我的朋友们！在那个时候，最细微的影响也足以震撼好几个世纪，生活在那种时代里，谁又能说比不上目前这个昌盛时代里的生活呢！

“你们都了解那个最终的、最伟大的、流血最少的革命经过。人们在二三十年中废除了野蛮人的社会传统和习俗，确立了一种和有理性的人类相适应的社会秩序。他们不再有掠夺的习性，变成互相合作，而且他们很快就认识到，富裕和幸福寓于团结友爱之中。‘我吃什么，喝什么，用什么方法才能得到衣着？’由于人们始终从个人的角度来考虑这个问题，因此在过去，它永远使人们担忧。但是，一旦当人们从团结友爱的观点而不是从个人的观点来考虑‘我吃什么，喝什么，用什么方法才能得到衣着？’这个问题——问题的困难也就迎刃而解了。

“企图从个人出发来解决生活问题，结果使绝大多数人陷于贫困和奴役地位，但是一旦国家成为唯一的资本家和雇主，则不仅富裕代替了贫困，而且人奴役人的关系的最后痕迹也从世界上消失了。曾经多次未被击中要害的人类的奴隶制度，终于被消灭了。生活的费用不再由男人舍施给女人，雇主给雇员，富人给穷人，而是像围坐在父亲的桌边的孩子们一样，大家从共有的财源中分配到一份。谁也不能再把他的同胞当作工具去替自己谋利。从此以后，他从别人身上所能得到的，只是别人对他的尊敬。在人类的相互关系中，既不会有傲慢，也不会有屈辱了。自从开天辟地以来，每个人第一次在上帝面前挺立起来了。害怕贫穷和贪得无厌的念头已经消失，因为每个人都能保证得到丰衣足食，而要获得过多的财产，也不可能实现。世界上再也不会有乞丐和赈灾员了。公平合理的社会使慈善事业也没有必要再存在下去了。人们不会受到任何引诱而去盗窃，也不会由于恐惧或为了博得好感而去说谎，而且由于大家已经一律平等，也就没有互相妒忌的余地；同时，由于人们不再拥有武器，不会相互伤害，因而也很少引起暴力行为。在这样一个世界上，基督十诫几乎是没有用处了。自由、平等、博爱的古老梦想，尽管多少年来受到人们的嘲弄，却终于实现了。

“正如在旧社会里，那些慷慨、公正和慈善心肠的人，因为具有这些品质而会吃亏，在新社会里，冷酷、贪婪和自私自利的人会发现自己和这个世界是格格不入的。既然生活条件有史以来第一次已经不再成为发展人性中的残暴品质的动力，而且一向导致自私自利的诱因不仅被取消了，反而被用来鼓励大公无私，在这种情况下，人们才能第一次看到，未被玷污的人性究竟是怎么样的。人性堕落的倾向，在以往能毫无阻碍地得到发展，并且在很大的程度上掩盖了人性的优良倾向，但是现在，却像被曝晒在阳光下的地窖里的霉菌那样枯萎了，而人性中的高贵品质却突然发扬光大起来，使嘲笑者变成歌颂者，而且使人们有史以来第一次对人世产生了爱。人们不久便充分认识到旧社会的牧师和哲学家们绝不可能相信的事实，即：人的本性是善的，而不是恶的，就人们天生的意愿和气质来说，他们是慷慨的而不是自私的，是慈悲的而不是残忍的，是富于同情心的而不是傲慢的，他们有上帝般的心愿，充满着最神圣的慈爱和自我牺牲的本能，他们确实具有上帝的形象，而不像他们曾经表现的那样丑化了上帝。无数世代以来，生活条件的长期压力尽管可能使天使堕落，但不能从本质上改变人类天生的崇高品质，而且这种条件一旦被消除以后，这种品质就会像一株弯倒的树木一样，又重新恢复了它原来那种挺直的姿态了。

“为了用一个简单的比喻来说明整个问题，让我把旧时代人们的本质比作一簇长在泥潭里的玫瑰花。它在白天被污水浇灌和毒雾沾染，夜晚受着毒霜的冻害。世世代代的园丁们尽力想使它开花，但是除了一朵花蕊受虫蛀蚀的偶然半放的蓓蕾以外，他们的努力全都失败了。确实有许多人埋怨说，这绝不是玫瑰花簇，而是一簇有毒的灌木丛，只好连根拔去烧掉。然而，园丁们大都坚持说，这簇花是属于玫瑰品种的，只不过染上了某种难以根除的病害：使花蕾不能开放，而且一般都带有病态。事实上，也有少数人认为品种本身完好无恙，毛病在于污泥，如果在更有利的条件下，这种花一定有希望长得更好。不过这些人并非正式的园丁，他们被正式的园丁指责为理论家和空想家，而人民对他们大都也持有这种看法。而且，有些杰出的伦理学家更主张，即使为了便于辩论，姑且承认花簇在别的地方可能长得更好，但是花蕾在污泥中开放要比在更有利的条件下开放，会受到更有价值的考验。花蕾在这样条件下能够开放的，确实很少，并且花朵既不鲜艳，又无香味，但是它们要比在花园里自由自在地开放，表现出更多的奋斗精神。

“正式的园丁和伦理学家固执己见。花簇依然深深种在污泥里，旧的种植方法也继续使用下去。他们不断地用各种各样新的促使生长的混合药剂来灌溉花根，并且采用了不可胜数的秘方来扑杀害虫，消灭霉菌；这些秘方都被提倡者称为最好的、最相宜的配方。这种情况延续了很长时间。偶然也有人宣称看到花簇的状态有了一些起色，但是更多的人却说花簇更不如过去了。总之，并不能说花簇有什么明显的变化。最后，大家对于花簇在原地生长的前途普遍感到失望，在这个期间重又讨论到将它移植的问题。这一次却得到大家的赞同。‘让我们试试看，’一般人都这么说，‘也许它移植到别处会茂盛起来，但在这里是否值得再种下去，确实令人怀疑。’于是，人类的玫瑰花簇开始被移植到肥沃、温暖、干燥的土地上来了，承受着阳光的沐浴、星光的映照和熏风的抚拂。后来，大家看出，这真是一簇玫瑰花。害虫和霉菌不见了，花丛中长出了最美丽的红玫瑰花，芳香充满了整个世界。

“命运替我们作了这样的安排：造物主在我们心中确立了一个精益求精的标准，根据这个标准来衡量，我们过去的成就总显得那么渺小，而我们的目标总是那么遥远。如果我们的祖先能够设想这样一个社会，在那里，人们住在一起，像同胞那么和睦，彼此没有倾轧或猜忌，不使用暴力或欺诈手段，而且人们只要在自己选定的工作中从事于健康所能允许的劳动，就完全不必为未来操心，也不必为生活发愁，正如一棵树受到永不枯竭的泉水的灌溉一样，——如果他们能够设想这样一个社会，我觉得，在他们看来，那也和天堂差不多了。他们可能把自己对这个社会的看法同他们对天堂的观念混同起来，而且也梦想不到，除了这个社会以外，还可能有什么可以希望和追求的东西了。

“但是，对于我们这些站在他们举首仰望的顶峰上的人们来说，情形又是如何呢？除了现在这种机会偶尔特别提醒我们以外，我们几乎已经忘却人类社会并非一直和现在一样。我们需要竭力思索，才能想象我们上一代的社会体制。我们认为那种社会体制是荒谬的，在我们看来，解决物质生活问题从而杜绝忧愁和犯罪的根源，绝不是一个最终的目的，而只是人类真正进步的前奏而已。

我们只是摆脱了一种无谓而又无益的烦恼，这种烦恼曾经妨碍我们的祖先去实现生活的真正目的。我们只不过摆脱束缚，向前猛进罢了，除此以外，别无其他。我们正像一个刚刚懂得站起来走路的孩子。在一个孩子看来，第一次迈步确是一件了不起的大事。也许他以为，除了走路，再没有什么可学的了，但是一年以后，他就已经忘记自己并非生来就能走路的。当他站起来，他的眼界扩大了，当他能够走动，他的眼界更扩大了。从某种意义来说，一个人迈开第一步，确是一件大事，不过，这只是开始，而不是结束。他的真正旅程只是从那时才开始的。人们在前一个世纪里，仅仅为了生理的需要，在精神和肉体方面耗尽了体力并费尽了心机。摆脱这种状况，可以说是人类的新生，如果没有这次新生，人类在那种只成为沉重负担的第一次诞生就永远没有价值，但通过这次新生，它的意义却充分显示出来了。从那时开始，人类进入了精神发展的新阶段，一种更高的智能的进化过程。但我们的祖先却没有想到这种智能就存在于人性之中。十九世纪那种阴郁的绝望情绪，以及当时对人类前途所抱的浓厚的悲观主义都已经消失了，代之而起的则是现代那种令人鼓舞的观念。这就使得人们兴奋地认识到我们的尘世生活中有种种机遇，并且人性也有无限发展的可能。大家都承认，人类要求在体质上、精神上和道德上一代比一代进步，这是一个伟大的目标，完全值得人们为之努力并作出牺牲。我们相信，人类有史以来第一次已经开始实现了上帝对人类的理想，现在，每经过一代，必然会提高一步。

“你们问道，当人类一代又一代地延续下去，我们还期望些什么呢？我回答：广阔的前途展开在我们面前，但由于前途光明灿

烂，我们却看不到最终的目标了。人类要回到作为‘我们的归宿’的上帝那儿去，有两条道路：个人通过死亡的道路回去，人类通过完成进化的道路回去。到那个时候，目前还未显示出来的上帝的秘密也将完全被揭露。让我们用眼泪送走黑暗的过去，转身面向灿烂的未来，遮住眼帘，向前猛进吧。人类漫长的、令人厌恶的冬天已经结束。夏天已经到来。人类已经脱颖而出，天堂就在面前了。”

第二十七章

我一直说不出原因，究竟为什么在我过去那段生活中，每到星期天下午总特别容易感到忧郁，这时候，生活中的一切事物都莫名其妙地黯然失色，各种东西都显得没精打采，引不起我的兴趣。对我来说，平常转瞬即逝的时间，也变得缓慢起来，等到一天将要过去，时光几乎停滞不前，简直要用很大忍耐才能把它一分一秒地挨磨过去。也许部分是由于那种固定难移的联想，所以尽管我的环境已经完全改变，但在我这二十世纪的第一个星期日，我还是十分消沉。

不过，这一次的消沉倒并不是没有特殊原因，也不仅仅是我所说的那种无名的惆怅，而是我的处境必然引起的那种心情。巴顿先生在讲道中，一再提到在我所属的十九世纪和我目前所处的二十世纪之间，在道德方面存在着很大距离，结果这次讲道便严重地加深了我在二十世纪中的孤独感。不管他说得多么委婉，多么冷静，但是，他的话却不能不给我一种强烈的印象：作为一个令人憎恨的时代的代表人物来说，我必然会引起周围人们的那种怜悯、好奇和厌恶相交织的感情。

利特医生和他的家属对我招待得那么殷勤，特别是伊蒂丝对我那么亲切，使我一直不能充分了解，他们对我的真实感情，必然也正是他们所属那一代人的感情。当我认识到利特医生和他的和蔼的太太会有这样的感情，不论我怎么痛苦，也还能忍受得了，但是一想到伊蒂丝的感情必然也是如此的时候，却使我忍受不了。

事实十分明显，而我竟然那么晚才发现。随之产生的那种强烈的影响，使我清楚地意识到读者们可能已经猜想到的一件事情，——我爱上伊蒂丝了。

我爱上了伊蒂丝，难道值得奇怪吗？在那个令人感动的场合下，她用双手把我从疯狂的漩涡中拯救出来，从此便开始了我们亲密的关系；她的同情是一种巨大的力量，使我在这个新生活中站稳了脚跟，并且得以支持下去；我已经习惯于把她看成是一个介乎我和周围世界之间的联系人，从某种意义来说，这是她的父亲都做不到的，——这些情况预先决定了一个结局，而且单凭她那异常可爱的面貌和性情，也足以说明这个结局了。她在我的眼中必然会成为这个世界上的唯一女性，从某种意义来说，这和一般情侣的经历是完全不同的。现在，因为我突然感到自己产生的那些希望都是痴想，所以我不仅忍受着别的恋人们可能忍受的痛苦，而且还得忍受一种凄凉的孤独感，一种完全绝望的心情。不论别的恋人们怎样不幸，也不可能产生这种感情。

我的主人们显然看出了我的精神不振，尽量设法使我高兴起来。我看得出伊蒂丝特别为我在苦恼着。但是按照恋人们惯有的反常心理来说，由于我曾一度狂妄地梦想从她那儿得到更多的东西，因此现在，当我知道她对我亲切只是由于同情，便感到这种亲切不再值得珍惜了。

整个下午的大部分时间，我一直躲在自己的房里，直到傍晚才走到花园里散步。天色昏暗下来了，天气暖和无风，但已有秋意。不觉随步来到发掘的地窖旁边，我走进地下室，在那儿坐了下来。"这里，"我喃喃自语，"是我唯一的家。就让我留在这儿吧，不要再出去了。"我想依赖熟悉的环境重温往事，并追忆前一生中与我相处的人们的形象和面貌，竭力想借此得到某种带有伤感意味的慰藉；可是并无用处。他们中间再没有人活在世上了。星星闪耀在伊蒂丝·巴特勒特的坟墓的上空，闪耀在所有我那一代的人们的坟墓的上空，已经快一百年了。

过去已经死亡了，已经被那个世纪深深埋葬掉了，而我又被关闭在这个世界的外边。到处都没有我的立足之地。我既不算是死去，也不算正式活着。

"请原谅我也跟来了。"

我抬起头来。伊蒂丝站在地下室的门口，带着一丝微笑看着我，眼中充满了同情和痛苦。

"如果我打扰了你，那就叫我走开吧，"她说，"不过我们发现你不高兴了，你知道，你答应过我，要是你觉得不高兴，你会告诉我的。但是你却没有守约。"

我站起来向门口走去，竭力想装出笑容，可是我相信装得并不高明，因为看到她那美丽的形象，使我更强烈地感到我那痛苦的根源了。

“没有什么，我只不过有点寂寞，”我说。“我的处境比以往任何人的处境更加孤单，而且这种孤单是现有的言语没法形容的，难道你一直没有想到这点吗？”

“啊！千万不要这样说，——千万不要让自己有这种想法，——千万不要！”她喊道，眼里含着泪水。“难道我们不是你的朋友吗？假如你不让我们做你的朋友，那只好怪你自己了。你用不着感到寂寞。”

“你对我那么好，叫我不能理解，”我说，“不过，难道你没想到，我认为这只不过是怜悯，可爱的怜悯，然而终究是怜悯罢了。在你眼中，我不可能同你自己这一代的其他人一模一样，我只不过是个奇怪而神秘的人物，就像一个来自不知名的海洋的动物被搁浅在沙滩上，尽管它是那么奇形怪状，可是它那彷徨无依的样子却打动了你的恻隐之心。要是我连这点都不理解，我真是傻瓜了。你是那么和善，而我却那么糊涂，因此使我几乎忘掉了情形必然会如此，而且幻想在一定的时候，可能像我们常说的那样，我会变成这个时代的人，从而觉得自己就是你们当中的一员，而且在你看来，我也就和你周围的其他人一样了。可是，巴顿先生的讲道却使我明白这种想法是多么没有根据，在你看来，我们之间的距离一定是多么大啊！”

“呃，那次讲道真糟！”她喊道，这时她在同情之下哭起来了，“我叫你不要听嘛。他知道你们一些什么呢？什么都不知道，只不

过是从那些迂腐的旧书里读到一些你那时代的情形罢了。你有什么值得和他计较，为了他的话就让自己烦恼呢？我们认识你的人就不这样想，这点你不考虑吗？难道你不重视我们对你的看法，反倒重视一个从未见过你的人的看法吗？啊，韦斯特先生！你不知道，也想象不到，我看到你这样孤独，会产生什么情感啊！我不能够忍受。我对你还能说什么呢？我怎么才能叫你相信，我们对你的看法同你自己的想法有很大的距离呢？”

像以前那次在我命运的紧要关头走到我身边的情况一样，她好像援助我似的向我伸出双手，而我也像当时那样，抓住她的双手，紧握在自己的手里；因为她很激动，她的胸脯起伏，而她那被我握着的手指也微微颤抖，这都表达了她强烈的感情。她的脸上流露出一种对于重重障碍无可奈何的怜悯的表情，其中带着一种圣洁的怨怒。女性的同情确实再没有比这表现得更动人的了。

她是这么美丽而又善良，我完全软化了。这时我所能表示的唯一恰当的反应，似乎就是向她吐露我的真情。当然，我不会有丝毫希望，但另一方面，我也不怕她生气，因为她那么同情我，是不会生气的。因此我便说道，“你过去和现在一贯待我很好，如果我对这种好意还不满足，那真是忘恩负义了。不过，难道你真看不出，为什么这些都还不能使我快乐呢？难道你不知道吗？这是因为我太不自量，爱上你了。”

当我谈到最后一句话，她满脸绯红，避开我的眼光，低下了头，但是并不想把她那双被我紧握着的手抽回去。她这样站了一会儿，呼吸微微有些急促。终于，脸上泛起一阵更浓的红晕，露出迷人的微笑向我抬起头来。

“你敢说，看不出来的不正是你自己吗?”她说。

仅仅这句话也就够了，因为它说明了，不论怎样难以解释或难以令人置信，这位属于一个黄金时代的光彩动人的女儿所给予我的，不只是她的怜悯，而且还有她的爱情。可是，即使当我把她拥抱在怀里，我还是半信半疑，觉得自己一定是陶醉在甜蜜的美梦之中。“要是我快活得疯了，”我大声说，“那就让我疯吧。”

“你一定会觉得，是我快活得要疯了，”当我刚吻着她甜蜜的双唇时，她从我的搂抱中挣脱出来，微喘着说。“哎呀！我几乎是自动投到一个相识不过一星期的男人的怀里啦，你会把我看成是怎样一个人呢？我的意思是说，你不会那么快就发觉我快活得要疯了，但是我对你非常同情，所以把原先要说的话忘掉了。不，不；当你还没有知道我是谁以前，我不准你再碰我了。等你知道以后，先生，你会恭恭敬敬地向我道歉的，因为你会觉得自己不该怪我爱你爱得太快了——其实我知道你是这样想的。当你知道我是谁以后，你一定会同意，我对你所以一见倾心，正是我的责任，而且你一定也会同意一个处在我这样地位的、有正常感情的女孩子，也只能这样做了。”

可以想象，即使她不再继续解释，我也会感到十分满足了。但是伊蒂丝却坚持，只有等到她洗清了轻率地对人钟情的嫌疑以后，才能让我再吻她。我也只好跟着这位美貌的神秘人儿走进房去。当她走到她母亲身边，她红着脸在她母亲耳边轻轻说了些什么，接着就离开我们跑出去了。

事实表明，尽管我的经历是那么离奇，现在我才第一次知道其中最离奇的是什么了。利特太太告诉我，伊蒂丝不是别人，而正是我以前的爱人伊蒂丝·巴特勒特的外曾孙女。伊蒂丝·巴特勒特为了我哀痛了十四年,后来同一位有地位的人结了婚,生了一个儿子,他就是利特太太的父亲。利特太太从未见过她的祖母,但听到许多有关她的事情。利特太太生下她的女儿,就给她取了伊蒂丝这个名字。等到这个女孩长大以后,这件事情自然会使她对于一切有关祖先的传闻发生更浓厚的兴趣,特别是对于传说要娶她外曾祖母为妻的那位爱人葬身大火的悲剧发生兴趣。这样一个故事恰好足以引起一位痴情的女孩子的同情,何况伊蒂丝自己的血管里正流着那位不幸的女主角的血液,这也自然会加深她对这件事情的兴趣了。伊蒂丝·巴特勒特的一帧遗像和她的一些手迹,以及我的一束信件,都成为她家的传家之宝了。从这张照片上,可以看到一位非常美貌的年轻女人,很容易使人联想到她的一切风流韵事。我的信件为伊蒂丝提供了某种资料,使她能够清楚地了解我的品格。而这种材料并在一起,也就可以使她感到这段悱恻的往事是非常真实的了。她经常半开玩笑地告诉她父母说,如果她找不到一个像朱里安·韦斯特那样的爱人,她就永不结婚,可是现在却不会有这样的人了。

所有这些,当然只不过是一个从未有过恋爱经历的女孩子的白日梦,如果不是因为那天早晨在她父亲的花园里发现了埋在地下的暗室,并且认出了睡在室内的是谁的话,那也就不会有什么严重的后果。可是,当他们把这个表面上已无生命的人体抬进房里,发现他胸前有个小盒,里边的人像立刻认出就是伊蒂丝·巴特勒特的时候,根据这一事实并联系其他一些情况,他们便断定我就是朱里安·韦斯特。利特太太说,即使当时没有想到我可以复活(事实上最初也没有这样考虑),但她相信这件事将会对她女儿产生决定性的终生影响。她和我的命运在冥冥之中似有某种微妙的安排,这种假定对任何一个女人几乎都有一股不可抵抗的魅力。

当初我醒来只不过几小时,一开头似乎就对她产生一种特殊的信赖,觉得和她相处能得到特有的安慰,在那种情况下,她是否对我过早地一见钟情,现在她母亲要让我自己去判断了。如果我认为过早的话,那我必须记住,现在到底是二十世纪,而不是十九世纪,现在爱情的滋长无疑要比过去更快,爱情的流露也更坦率了。

离开利特太太,我去找伊蒂丝。一见到她,我首先就握住她的双手,长久地站在那里,狂喜地端详着她的面庞。我凝视着她,这时,一度被那个拆散我们的巨大变故的震动所冲淡了的另外一个伊蒂丝的音容笑貌,又出现在我的眼前了。爱怜与伤感涌上我的心头,其中又带着无限的喜悦,因为她使我强烈地感到自己失去了心爱的人,同时又使我不会再产生这样的感觉。伊蒂丝·巴特勒特仿佛是通过她的眼睛在注视着我,用微笑安慰着我。我的遭遇不仅是最离奇的,而且在人们所能遇到的遭遇中,也是最幸运的了。我遇到了双重的奇迹。我并没有因为自己的船只在这个陌生世界的海滩上搁浅而变得孤单无伴。我曾经在梦中失去的爱人,通过一个替身,给我以慰藉。最后,当我在感激和温情交织的狂喜中把这个可爱的姑娘紧抱在怀里的时候,两个伊蒂丝在我思想中也就合而为一,从此不再有明显的区别了。我不久发觉,伊蒂丝同样也有人物分辨不清的迷惑。一对新结合的爱侣间的谈话确实从来没有像我们那天下午的谈话那么新奇。她似乎急于要我多谈伊

蒂丝·巴特勒特,少谈她自己,多谈我怎样爱伊蒂丝·巴特勒特,少谈怎样爱她自己,她用眼泪、温柔的微笑和紧紧的握手来回答我对另一个女人的充满柔情的追忆。

"你对我,可别用情太专,"她说。"我会替她妒忌的,我不许你忘记她。现在我想告诉你一些事,也许你会觉得奇怪。灵魂有时会回到人间来了却他们的心愿,难道你不信吗?要是我告诉你,我有时觉得她的灵魂活在我的身上,——我的真名是伊蒂丝·巴特勒特,而不是伊蒂丝·利特,你又觉得怎样呢。关于这一点,我无法理解。当然,我们谁也不知道自己究竟是谁;可是我却感觉得出来。既然我的一生甚至在你来到以前就受到了她和你的影响,难道我有这种感觉,还会使你奇怪吗?所以你看,只要你忠实于她,你就不必再费精神来爱我了。我绝不会妒忌的。"

那天下午,利特医生不在家,直到傍晚,我才见到他。他对我告诉他的消息,显然并不是没有准备的。他热烈地和我握手。

"在任何正常情况下,韦斯特先生,我会觉得你们认识不久就作出这种决定,未免太快了。不过目前这些情况肯定不是正常的。按理,也许我该告诉你,"他微笑着说下去,"虽然我很高兴地同意你提出的安排,可是你也用不着对我过分感激,因为我觉得,我的同意只不过是一种形式罢了。自从小金盒内的秘密被揭开以后,我猜想必然会有这样的结局。啊!真的!倘若伊蒂丝不能了却她外曾祖母的心愿,我真担心利特太太对我的一贯信念将会发生大大的动摇哩。"

那个晚上,花园沐浴在月光下,伊蒂丝和我在那儿徘徊到午夜,几乎不敢相信我们所得到的幸福。

“要是你瞧我不起，我又怎么办呢?”她喊道。“我担心你瞧不起我。等到我觉得自己已经属于你了，那时我又怎么办呢？就在你醒过来的一刹那间，好像她嘱咐过我似的，我立刻就断定，自己将替她来了却她未了的心愿，不过，这只有在你同意下才能办到。啊！那天早晨，当你发觉自己和我们在一起感到那么陌生时，我多么想告诉你我是谁，但却不敢开口提出，也不敢让爸爸或妈妈……”

“那一定就是你不让你父亲告诉我的那件事了!”我联想起我醒来时所听到的谈话，不觉惊叫起来。

“当然就是那件事，”伊蒂丝笑了起来。“难道你只是刚猜到吗？爸爸究竟是个男人，他觉得如果让你知道我们是谁，你会感到自己好像在朋友家里一样。他一点都没有考虑到我。不过，妈妈懂得我的意思，因此，才听从了我的意见。如果你早知道我是谁，我就绝不会正眼看你了。不然，我就变成过分放肆地来迁就你了。我担心你会觉得我今天实际上就是那么放肆的。我确实并不是有意如此，因为我知道在你们那个时代，女孩子们总得隐藏自己的感情，我很担心会使你大吃一惊。天晓得，要她们永远把自己的爱情像错误那样隐瞒起来，那是多么困难啊！她们在没有得到父母的允许以前爱上一个人，为什么要觉得那么可耻呢？男女恋爱要等父母允许，想起来多么可笑啊。难道那时候的男人会因为女孩子爱他而发恼吗？我敢说，现在的女人并不这样想，而且我想，男人也不会如此，关于这点我可一点也不懂，这是你们那个时代的妇女的奇事之一，你得说给我听听。我不相信伊蒂丝·巴特勒特会像别人那么愚蠢。”

我们几次想要分别，总是难舍难分，最后，她坚持我们必须互道晚安。当我正要真正最后一次和她吻别时，她用一种无法描述的黠慧的表情说道：——

"有一件事叫我苦恼。你能说，不管伊蒂丝·巴特勒特同谁结婚，你都会真正原谅她吗？从你们留传下来的书籍看来，你们那个时代的情人们妒忌甚于爱怜，所以我要提出这个问题。如果我确实能够断定，你对我的外曾祖父同你的情人结婚，一点也不妒忌，我就很安心了。我回房以后，如果对着我外曾祖母的照片说，你已经完全原谅了她，不会因为她负心而怪她了，你说好吗？"

但愿读者们相信，这句富于挑逗、语近双关的戏言，不论说话的人是否有意，确实触到了并因而治愈了我那种类似妒忌的可笑的隐痛。自从利特太太告诉我伊蒂丝·巴特勒特的婚事以后，我一直隐隐有这样的感觉。在这以前，即使当我把伊蒂丝·巴特勒特的外曾孙女拥抱在怀里时，也一直没有明确地认识到——我们的某些感觉是多么怪啊！——如果不是因为伊蒂丝·巴特勒特结了婚，我也不可能把她拥抱在怀里呢。当伊蒂丝提出那个恶作剧的问题使我恍然大悟以后，这种心理便消失了。这是一种十分可笑的心理，但它消失得却也十分突然。我吻着她，笑了起来。

"你可以肯定地告诉她，我完全原谅她，"我说。"不过如果她不是同你外曾祖父结婚，那么情形就大不相同了。"

那个晚上，回到卧室以后，我没有像惯常那样打开音乐播送器，让优美的歌曲催我入眠。我的头脑里一度萦绕着比二十世纪的交响乐乐章还要优美的音乐，使我心醉神迷，直到早晨才昏昏睡去。

第 二 十 八 章

“先生，现在比您要我喊醒您的时间晚了一点儿啦。先生，您不像平常那样醒得那么快。”

这个声音是我仆人索耶的声音。我霍地从床上直坐了起来，向四周张望着。我是在地下室里。每当我睡在室内，我总点着一盏灯。这时，它吐出柔和的光芒，照亮了我所熟悉的墙壁和摆设。索耶站在我的床边，手里端着一杯雪利酒。这是皮耳斯伯里医生开方配制的药酒，要我在催眠刚醒来时便喝下去，用来恢复麻痹了的生理作用。

“您最好马上把这喝下去，先生，”他看见我望着他发呆，便说道。“您的脸好像有点发红，先生，您需要把这酒喝下去。”

我把药酒一口气喝干，才开始明白我的所见所闻究竟是怎么回事。这当然很清楚。一切关于二十世纪的事情只是一场梦。我只是梦见了那个进步的和无忧无虑的人群，以及他们匠心独具的简单制度；梦见了壮丽的新波士顿，它的圆屋顶、高耸的塔尖、花园和喷泉以及一片安乐景象。我所熟悉的那个可爱的家庭、我那和蔼的主人和老师——利特医生、他的太太以及他们的女儿——我的未婚妻，第二个也是更美的一个伊蒂丝，——所有这些，也同样只是一些零碎的幻景罢了。

有很长一段时间，我呆着不动，心里这样在想着。我坐在床上茫然向前凝望着，聚精会神地回忆我那离奇遭遇中的景物。这时，索耶被我的神态吓住了，焦急地追问我是怎么一回事。他唠唠叨叨地直问我，终于使我认清了四周的景物，于是我就竭力振作精神，告诉我那忠实的仆人不用担心，因为我一切如常。“没有什么，我只是做了一个奇怪的梦，索耶，”我说，“一个非常奇——怪——的——梦。”

我心不在焉地穿上衣服，感到头晕眼花，不知怎地把握不住自己。接着，我在餐桌前坐下来喝咖啡，吃面包卷。这是索耶在我离家前照例替我准备好的早餐。盘子旁边放着一份晨报。我拿起报来，看见日期是 1887 年 5 月 31 日。当然，从我睁开眼睛那一刻起，我已经知道，我在另一个世纪中的漫长而真切的经历，只是一个梦。在我入睡以后，时间在这个世界上只过去了几个小时。当事实确实无疑地证明了这点以后，我感到非常惊讶。

看了报头上早晨新闻的目录，我便看下面的提要：

“国际新闻：——德、法战争迫在眉睫。法国议会要求进行新的军事贷款，以应付德国的扩军。战争一旦爆发，整个欧洲将被卷入。——伦敦失业者的境况苦不堪言。他们要求工作。将举行盛大的示威游行。政府当局深感棘手。——比利时发生大罢工。政府准备压制罢工的爆发。关于比利时煤矿雇用女工的惊人消息。——爱尔兰大举放逐。

“国内新闻：——诈骗之风盛行。纽约发生五十万元侵吞案。——遗嘱执行人非法挪用委托基金。结果孤儿一无所得。——银行出纳员的巧妙偷窃方式；五万元不翼而飞。——煤炭大王决定抬高煤价减低生产。——投机商操纵市场，在芝加哥大量囤积小麦。——某集团故意抬高咖啡价格。——西部辛迪加大批霸占土地。——芝加哥政界惊人的贪污腐化现象被人揭发。——有组织的行贿。——市参议员贿赂案继续在纽约进行审讯。——商业交易所大批倒闭。商业危机的威胁。——偷盗案层出不穷。——盗匪谋财害命,纽黑文一妇女惨死。——昨晚本地一居民被窃贼枪杀。——伍斯特一男子失业自杀,身后全家无以为生。——新泽西一对老年夫妇不愿迁往贫民院竟而自杀。——各大城市妇女劳动者的景况极端贫困。——马萨诸塞州的文盲数目有了惊人的增加。——精神病院大感不足。——阵亡将士纪念日讲话,布朗教授的演说:关于十九世纪文明的道德尊严。”

我醒来所看到的确是十九世纪,这是毫无疑问的。这一天的新闻提要是十九世纪的一个完整的缩影,甚至连最后一条提要的那种空虚的、自我陶醉的措词也丝毫不差。这一天世界上所发生的流血、贪婪和残暴事件的记载,是谴责十九世纪的一篇有力的控诉,使人看了以后产生一种愤世心情,同梅菲斯托非利斯[①]的讥讽有点相似,然而在所有早晨看报的人们当中,也许我是唯一产生这种愤世情绪的人,但如果在昨天,我的感受绝不会比别人敏锐多少。正是那个奇异的梦使得一切有所不同。因此,在这以后,记不得究竟隔了多久,我忘却了四周的环境,重又陷入幻想,在那个栩栩如生的梦境世界中,在那个拥有简朴舒适的私人住宅和华丽的公共建筑物的壮丽城市中漫游。在我周围,又是那些面孔,但脸上却看不到一点傲慢或谄媚、忌妒或贪婪、忧心忡忡或野心勃勃的神色;在我周围,仍然是那些男男女女的庄严形象,他们从不知道畏惧某人或仰承其恩赐,而且永远像上次讲道中所说的那句一直萦

① 梅菲斯托非利斯(Mephistopheles),歌德所著《浮士德》一剧中的魔鬼,以冷酷、残忍、诡谲著称。——译者

绕在我耳边的话一样;已经“在上帝面前挺立起来了”。

我不仅大声叹息起来,而且还产生了一种无可挽回的惋惜心情,这种心情,并不因为所失的东西的不真实而有所减轻。我终于从沉思中惊醒过来,随即走出屋去。

从我家门口到华盛顿大街的路上,我不得不屡屡停步,努力振作自己,因为未来的波士顿的幻景使得真实的波士顿显得奇异了。我刚走到大街,便对这个城市的污秽和恶臭感到吃惊,好像我从未见过这些情景似的。而且,直到昨天,我还认为有些人应该穿丝绸,另一些人应该穿破衣烂衫;有些人应该吃得脸红体胖,另一些人却应该忍饥挨饿。我认为这是理所当然的。但是现在却不同了,我每走一步,人行道上擦肩而过的男男女女在衣着和景况方面的明显悬殊,使我感到震惊,并且那些富裕者对于不幸者的痛苦无动于衷,也使我更为心惊。这些眼见自己同胞的惨状而不动容的人们,难道不算是人吗?不过,我一直很清楚,改变了的是我,而不是我同时代的人们。我曾经梦见过一个城市,那里的人像一个大家庭里的孩子们那样生活着,一切事情都相互关怀。

真实的波士顿的另一个特色,就是广告的风行。一切旧事物在新的眼光下往往显得特别新奇,真实的波士顿的这个特色也是如此。二十世纪的波士顿没有私人广告,因为根本没有这种需要,但在这里,除了天空以外,实际上凡是眼睛看到的东西,例如建筑物的墙壁、窗户、各种报纸附页以及人行道上,到处都是个人利用各式各样的借口提出来的呼吁,想诱使别人给以帮助。尽管这些乞求的措辞不同,但主要内容却完全一样:

“救救约翰·琼斯。别去理睬别人。他们都是骗子。我约翰是好人，请买我的货物。让我替你服务。请光顾我的店铺。请听我约翰·琼斯的话。请注意我。请勿弄错，是约翰·琼斯，并非别人。让别人去饿肚子吧，看上帝的分上，记住约翰·琼斯！”

我不知道，影响我最深的，究竟是这种景象本身的悲剧性呢，还是它所说明的社会道德的沦丧，因为我在自己的城市里，突然变成一个陌生人了。我被感动得大声呼喊起来，可怜的人们，他们因为不愿学习相互帮助，因而从最渺小的到最伟大的人物都注定要相互讨乞！这种无耻的自吹自擂和相互贬抑所造成的可怕的混乱，这种互不相让的夸耀、祈求和发誓所造成的震耳欲聋的喧嚷，这种庞大的、厚颜无耻的乞讨制度——，所有这些，只是这个社会的必然产物，因为在这个社会里，社会组织的首要目标不是让每个人按照自己的才能获得为社会服务的机会，相反的，他必须去争夺这种机会！

我来到华盛顿大街最热闹的地方，站在那里大笑起来，因而受到了来往行人的奚落。当我从街道的这头望到那头，看到两旁一眼望不到尽头的店铺时，我像疯了似的激动起来，再也忍不住要高声大笑了。在一箭之遥的距离内，无数店铺都出售着同样的货物，这就使得这个景象显得更加畸形。店铺！店铺！店铺！几里路长的店铺！上万家店铺供应一个城市所需的货物，而在我的梦里，通过向每区一家大商店定购的办法，一切物品都由一个货栈供应。在这家大商店里，购货人用不着浪费时间和精力，就可以买到他所需要的全世界的各种货物。在那儿，不需要在分配工作上花费很多劳动力，因此在货物成本方面所增加的额外费用，对消费者来说是微乎其微的。实际上，购货人所付的全部价格就是产品的成本。但在这里，单是货物的分配，转手之间就增加了成本的四分之一、三分之一、二分之一，甚至更多一些。所有这一万家设备都需要开支，它们的租金、管理人员、一批批的店员、成千上万名会计员、临时工和业务人员，以及它们的一切广告费和进行竞争所需的开支，都得由消费者负担。要把国家弄得贫困不堪，这倒是一套高明的办法！

我在周围所看到的这些人都用这种办法做生意，他们究竟是正经办事的人呢，还是孩子？当产品制成，准备使用时，在送给消费者的过程中，却有那么大的浪费。如果人们用汤匙吃碗里的东西，当东西还没送到嘴里，就洒了一半，那么他们岂不是要挨饿吗？

我以前曾经有千百次路过华盛顿大街，看到过他们的售货方式，但是我现在对他们却怀有一种好奇心，仿佛以前我从未打这儿经过似的。我带着惊奇的眼光，注视着店铺里的橱窗，里面摆满了货品，煞费苦心地用种种艺术设计加以布置，借以引人注目。我看见一群群姑娘走进去参观，老板们焦急地等待着鱼儿上钩。我也走进店里，看到目光锐利的商店巡视员在察看买卖，监督店员，督促他们诱劝顾客购买、购买、购买。有钱的现钱，没钱的赊账，购买他们不需要的东西，购买他们已经足够的东西，购买他们买不起的东西。好几次我一时摸不着头脑，被眼前的景象迷惑住了。为什么要这样煞费苦心地诱劝人们购买呢？当然，这同把货物分配给需要者的正当交易是毫不相干的。强使人们接受他们并不需要的但对别人确有用处的东西，当然是绝对的浪费。每当这种交易完成一次，国家就会变得更穷一些。这些店员们所想的，究竟是什么呢？我这才想起，他们所担任的工作，和我在梦中的波士顿店铺里看见的那些配货员的工作不同。他们并不是为大众利益服务，而是为他们目前的个人利益服务。他们的工作对社会的繁荣会产生什么最后的影响，这和他们毫不相干，只要他们自己的积蓄能增加就好了，因为这些货物是他们自己的，卖出越多，价钱越高，利润也越大。人们越是浪费，售货员越是能够诱使他们去买更多的不需要的东西，于是对这些售货商也就越有好处。波士顿成千上万家店铺的明显目的，就是鼓励人们挥霍。

这些店主和店员们，一点也不比波士顿任何别的人更坏。他们必须生活和维持家庭，但是他们怎样才能找到一种买卖，既能养家糊口，而又不至于将个人利益放在别人或整个社会的利益之上呢？我们不能要他们饿着肚子去等待我梦中所见的那种社会制度到来，在那种制度下，个人和整体的利益是一致的。但是，天啊！在目前这样一种制度下，一切又有什么奇怪呢，——城市这么肮脏，人们的衣着这么粗劣，那么多的人衣衫褴褛，忍饥挨饿，这又有什么奇怪呢！

过了不久，我不知不觉走到南波士顿，发觉自己已在工厂区。正如我常到华盛顿大街去一样，我以前曾经到过这个区上百次，可是在这里，也正如在华盛顿大街一样，我现在才第一次理解到所见到的这些事物的真实意义。实际算来，波士顿大约有四千家独立经营的工厂，以前我曾为此感到骄傲，但是现在，就在这种多样性和独立性之中，我认识到它们的工业总产量所以不值一提的根本原因了。

如果说华盛顿大街好像疯人院里的一条街，那么，由于生产比分配所起的作用更加重要，这里的景象也就显得更加可悲。因为，这四千家工厂非但不同心协力地生产——仅仅由于这个原因,它们就得在很不利的条件下进行生产——而且,它们仿佛觉得这还不足以严重地损害力量,所以便使出全副本领,相互破坏对方的成就,白天活动,黑夜祈祷,总想把对方的企业搞垮。

从四面八方传来了飞轮和铁锤的轰鸣和急骤的响声,这并不是和平工业的音响,而是敌人挥舞着的刀剑撞击的铿锵声。这些作坊和车间就是无数个堡垒,各有各的旗帜,各个堡垒的枪炮瞄准着四周的作坊和车间,它的工兵在地下紧张活动,暗中要把其他作坊和车间掘垮。

在这些堡垒当中,每一座堡垒的内部都保持着最严密的生产组织;各个不同的工作队在单一的集中领导下进行工作。它们的工作既不互相牵制,也不重复。每人都有一定的任务,谁也没有闲着。这样看来,究竟是什么样的逻辑上的错误或理论上的缺陷,使得人们无法认识到必须把同样的原理应用到整个国家生产上面;而且如果缺乏组织会削弱一个车间的工作效率,那么,同样的,对于整个国家的生产来说,由于它的范围更广,各部门之间的关系更复杂,结果所受的影响一定也更加严重了。

如果一个军队没有连、营、团、旅、师或军团,如果它事实上没有比班长率领的班还高的组织单位,也没有比班长更高的军官,各个班长的权力全都相等,那么,人们就会立刻加以嘲笑。可是,十九世纪波士顿的制造业,却正是这样的军队,这个军队包括四千个独立的班,由四千名独立的班长率领,每个班都各有自己的作战计划。

无论在哪里,到处可以看到一群群的闲人,有的是因为不计待遇也找不到任何工作，有的是因为得不到理想的工资而失业。

我和后一类人攀谈起来，他们向我诉苦。我实在没有什么话可以安慰他们。“我很替你们难过，”我说。“当然啰，你们的收入很少，但是我所奇怪的，并不是这样经营的企业所付的工资不够你们生活，而是它们竟然还能付给你们工资。”

随后，我又回头往半岛区走去。时间将近三点了，我站在国家大街上凝视着这些银行和经纪人办公室，以及其他金融机构，就好像以前我从未见到过似的。在我梦中，国家大街上的这些机构已经无影无踪了。距离关门的时间没有几分钟了，实业家、机要秘书以及传递员从银行涌进涌出。在我对面，就是我曾经跟它打过交道的一家银行，过了一会儿，我穿过大街，跟着人群走了进去。我站在一处凹壁前看着成群办事员在点数钱钞，存款人在出纳窗前站成长长的一排。一位我所熟悉的老绅士从我身边走过，他是这家银行的董事，看见我出神的样子，便停了下来。

“有趣的景象，不是吗？韦斯特先生，”他说。“妙不可言的机构！我是这样看的。我有时也喜欢像你这样站着，欣赏欣赏。这是一首诗，先生，我认为它就是诗。韦斯特先生，你曾经这样想过没有，银行是商业系统的心脏，生活所需的血液从这里流出流进，循环不息。现在正流进来了。到明天早晨又会流出去。”这位老人带着颇为自负的神情，微笑着走了过去。

要是在昨天，我一定会认为这个比喻十分恰当。但是，自从那时以来，我曾经到过一个远非现社会所能比拟的富足的社会，在那个社会里，人们不知金钱为何物，实际上金钱也并无用处。我终于明白，金钱在我生活着的社会里之所以有用，只是因为国家放弃了生产人民生活物资的职责，听任私人胡乱经营，没有把它看做是一切事业中绝对属于公共性质的与大众有关的事业，由国家来办理。由于存在着这种根本性的错误，这就需要进行无穷尽的交换才能完成各种产品的普遍分配。金钱促成了这种交换——这种交换是否正当，只要从公寓住宅区到后湾这条路上去走一趟就会明白——结果使得大批人脱离生产劳动去从事这类活动，它的机构经常破产，并对人类产生普遍的伤风败俗的影响，正应了古语所说的“金钱是万恶之源”。

这位可怜的、年老的银行董事以及他所说的诗，是多么令人可叹啊！他把一处脓疮的悸动误认为是心脏的跳动了。他的所谓“妙不可言的机构”，是一个用来弥补本可避免的缺陷的并不理想的工具，是一个自作自受的残废者所使用的笨重的拐杖。

银行关门以后，我在商业区一带漫无目的地走了一两个钟点，随后在公园的一条长凳上坐了一会儿，观察来往的人群，如同一个人在研究一个外国城市里的老百姓一样，倒也蛮有趣味，因为自从昨天以来，我对我的同胞们以及他们的习惯，感到非常陌生。我曾在他们当中生活了三十年，但以前却仿佛从未注意到，不论他们穷富，也不论是在知识分子清秀机灵的面孔上或在没有知识的人笨拙的脸膛上，表情都是那么愁苦焦急。这样的表情也是必然的，因为以往我从来没有像现在这么清楚地看到过，当每个人在街上行走时，经常会从背后听到一个幽灵——“人世无常”的幽灵在他耳边低语。“不管你把工作做得多好，”幽灵低声说道，“起早摸黑地辛勤劳动，巧取豪夺或忠诚服务，你永远也得不到保障。尽管目前你可能有钱，最后还是要穷的。不管你留给孩子们的钱财怎么多，你也不能担保你的儿子不做你的仆人的仆人，或是你的女儿不会为了面包而去卖淫。”

一个人擦肩而过，把一张广告单塞在我手里；这张广告介绍了某种新的人寿保险计划的优点。这一来使我想起了能使这些筋疲力尽、走投无路的男男女女在人世无常中得到部分保障的这种唯一的办法。但可悲的是，尽管这种办法并不妥善，人们却普遍有此需要。我没有忘记，原来富有的人们依靠这种办法，可能用钱勉强使自己安心：在他们去世以后，他们的亲人至少暂时不致受人踩踏。但是，人寿保险只能做到这一点，而且也只限于那些付得起钱的人。住在这块以实玛利[①]的土地上的可怜的人们，彼此倾轧排挤，对他们来说，又怎能实现像我在那个梦里的人们当中所看到的真正人寿保险的理想呢？在那里，每个人只因为是全国大家庭中的一员，按照全国千千万万公民所订制的一项政策，所需的一切都得到了保证。

过了一会儿，我才发现自己站立在特雷蒙特大街一处大楼的石级上观看军事检阅。一个联队走过去了。在那个惨淡的日子里，这还是第一个景象使我不再产生那种无名的怜悯和惊异。在这里，人们终于看到了纪律和理性，这就是明智的合作所能获得的成绩。这种景象，对于这些脸带兴奋表情的旁观者来说，难道只是一种令人感到极大兴趣的事情吗？难道他们看不到，正因为这些

① 以实玛利，亚伯兰和夏甲之子，人们预言他将与世界为敌，而世界亦将与他为敌。见《圣经·创世记》第16章第12节。——译者

人的行动完全一致，在组织上又有统一的领导，所以才能成为惊人的力量，并且可以镇压十倍于他们的暴徒？既然道理十分清楚，难道他们不能把国家进行战争的科学方式，拿来和他们进行生产的不科学方式对比一下吗？他们难道不会提出疑问，从什么时候开始，杀人的工作变得远比解决人们衣食的问题更为重要，以致人们认为必须要有一支受过训练的军队才能胜任前一任务，而把后一任务交给无组织的群众去管理呢？

夜幕渐渐降临，满街都是从商店、工场和作坊里出来的职工。我随着一股浩浩荡荡的人流前进。天色开始黑下来了，我发觉周围是一幅人性沦丧的污秽景象，这只有在南小湾公寓区才会出现。我曾经见过任意浪费人类劳动力的现象；在这里，我又亲眼看到了这种浪费所造成的贫困后果。

从贫民窟前后左右黑洞洞的门窗里，散发出一阵阵的恶臭。大街小巷充满了像奴隶船中舱里的那种臭气。当我经过时，我瞥见屋内脸色苍白的婴孩在闷热的恶臭中奄奄待毙；带着绝望神色的妇女被困苦的生活折磨得形容憔悴，除了衰弱以外，再看不出其他女性的特征，而少女们则厚着脸皮向窗外频送秋波。成群结队的衣不蔽体的野孩子正像穆斯林市镇街道上乱窜的成群的饥饿的野狗那样，在院子里遍地狼藉的垃圾堆上扑打翻滚，空中响着他们的尖叫声和咒骂声。

所有这一切，对我来说，毫无新奇之处。我以往时常路过这个市区，眼见这些景象，便产生一种憎恶的感情，同时当我看到人类处身绝境而仍愿忍受并且依然迷恋人生，一种类似哲学家探索事实究竟的好奇心便油然而生。但是，自从我梦见另一世纪的景象以后，我不但对于这个时代经济方面的愚笨做法，而且对其道德的败坏都有所醒悟。我不会再以一种淡漠的好奇心把这个“地狱”里的悲惨居民不当人看待了。我认识到他们是我的兄弟姊妹、我的父母、我的孩子、我的骨肉亲人。四周那种触目惊心、惨绝人寰的现象，此刻不仅刺激我的感官，而且使我心如刀割，不禁感叹出声。凡是我所看到的，不仅是看到而已，而且在心中有所感受。

接着，当我更仔细地观察周围可怜的人们时，我立刻发觉他们全都早已死去。他们的躯体就是无数移动着的坟墓。每人僵硬的前额上清楚地刻着“永眠于此”的字样，表明其中埋葬着一个死去的灵魂。

我怀着恐怖的心情，从一个死人的头颅看到另一个头颅，产生了一种奇异的幻觉。在每一个兽性的面具上重叠着一个若隐若现而又模模糊糊的灵魂的面影，我觉得这是人们理想的面孔，如果他们精神和灵魂都活着，则这个面孔会变成他们真正的面孔。直到我发觉了这些灵魂的面孔以及从他们眼中射出的那种无可否认的责难的光芒，我才了解到他们所受的全部苦难的悲惨情况。我感到悔恨，也感到一种剧烈的痛苦，因为我就是那些容忍现状的人们之一。我和他们一样，深知这些现状的存在，却不想听到这些，也没有被迫去重视它们，只管追求自己的享受和钱财，仿佛这些现状并不存在似的。但是现在，我在自己的外套上，发现了我的兄弟们的无数被扼杀了的灵魂的血迹。他们的血迹在地上发出声音，向我大声叱责。当我逃走时，恶臭的人行道上的每块石头，污秽的贫民窟的每块砖头，都说起话来，在后面喊我：“你是怎样对待你的兄弟亚伯[1]的？”

以后的情形我一点都记不清了，直到后来，我发觉自己站在共和国大街上我未婚妻家的堂皇住宅的雕花石级上。在那一天混乱的思想中，我几乎一点也没有想到她，此刻却在潜意识的支配下，不觉顺步来到她家门口。仆人告诉我：她们全家正在晚餐，传出话来，请我进去和她们一起吃饭。我发现除了她家里的人以外，在座的还有几位我熟悉的客人。桌上满是光彩夺目的餐具和贵重的瓷器。妇女们衣着奢华，珠光宝气，打扮得像王后似的。眼前是一片堂皇幽雅和奢侈铺张的景象。这些人兴致勃勃，真是一片笑声，诙谐百出。

对我来说，这正像我在灾区徘徊以后，看到了那些景象而感到愤慨，内心充满了痛苦、怜悯和失望的时候，突然在林间一块空地上遇到了一群欢乐的闹饮者。我坐着一言不发，后来，伊蒂丝看到我忧郁的眼神，开始撩拨我，问我哪里不舒服。其余的人也跟着加入取笑，我变成了他们揶揄和戏谑的对象。我到过什么地方啦？究竟看见了什么东西，使我变得这样呆头呆脑的？

“我到过各各他[2]，”我终于回答。“我看见人类被钉在十字架上！难道你们没有一个人知道太阳和星星在这个城市中看到的是什么景象，因而只是考虑和谈论别的事情吗？在你们隔壁，就有无数男男女女，你们的至亲骨肉，他们从生到死所过的生活只是一场痛苦，难道你们不知道吗？听吧！他们就住在附近，只要你们停住

① 亚伯，亚当及夏娃之次子，为其兄该隐所杀，见《圣经·创世记》第4章。——译者

② 各各他，基督被钉死的地方。——译者

笑声，就可以听到他们的哀叹，听到婴儿饿得凄惨地啼哭，陷入绝境的几乎失去人性的男人们的粗声咒骂，许多女人为了面包出卖自己时的讨价还价的声音。你们用什么办法堵住了耳朵，使自己听不见这些悲惨的声音呢？至于我，我听见的，全是这些声音。”

接着是一阵沉默。当我说话的时候，一种怜悯的感情使我激动起来，但是我环顾四座，发现他们竟毫无所动，大家脸上带着一种淡漠而冷酷的惊讶神色，伊蒂丝的脸上还露出极大羞辱的样子，她的父亲则满面怒容。女士们交换着眼色，仿佛是受了诽谤而感到丢脸。有一位绅士戴上眼镜，带着科学研究的好奇神情察看着我。当我发觉我感到那么难以忍受的事情，丝毫不能感动他们，而我内心异常激动地说出来的那番话却引起了他们的愠怒，我最初是大吃一惊，接着不禁感到十分难过和失望。如果这些有头脑的男人和温柔的妇女都不为这类事情所动，那么那些可怜的人们以及整个世界还有什么希望呢！后来我又想到，这一定是因为自己措词不当，无疑地是自己对问题的提法没有考虑周到。他们大概以为我在责骂他们才恼怒起来的。这真是天晓得，我只不过想到这种情形可怕，并没有什么追究责任的意思。

我抑制自己的感情，尽量平静地、有系统地说下去，以便改正这种印象。我告诉他们，我的意思并不是指责他们，仿佛认为他们，或一般说来，有钱的人，应该对社会的贫困负责。事实上，他们所浪费的奢侈品，如果能另作别用，倒也确实可以大大减轻人们无穷的痛苦。这些精美的食物，芳醇的酒浆，华丽的丝绸和灿烂夺目的珠宝，可以维持许多人的生活。如同在一个哀鸿遍野的国家里随意挥霍的人们那样，他们确实也并不是没有罪的。可是，所有富人的一切浪费如果都节省下来，对于整个社会的贫困，也不会有多大改善。能够分配的东西如此之少，即使富人和穷人平分，每人所得也只不过是一份普通口粮而已。尽管那时由于兄弟之情，这份口粮吃得很香。

造成世界贫困的主要原因是人类的愚蠢，而不是他们的冷酷。人类的遭遇之所以如此不幸，不能归罪于个人，也不能归罪于任何一个阶级，而是由于一种令人痛心的错误，一种使得世界变得黑暗无光的严重过失。于是，我告诉他们，怎样由于相互争夺以及工人之间缺少组织和协作，社会上五分之四的劳动力完全浪费掉了。为了很好地说清道理，我把干燥不毛之地作为比喻。如果要使土地长出人们赖以活命的庄稼，只有细心地引水灌溉。我指出，在这类国家里，政府最重要的职责，应该是防止水源不致由于个人的自私或无知而被浪费掉，否则就会发生灾荒。为了这个目的，对水源的使用需要严格管理并加以系统化。不许私人擅自任意阻塞或移用，或以任何方式加以干预。

我说，人类的劳动力是使大地适于人们生活的唯一丰富的水泉。水源原来就不充裕，如果要使人们得到充分的供应，那就需要按照一定制度加以管理，使每一滴水都能发挥最大的作用。但是，实际上却并无任何制度！每个人随意浪费这种宝贵的流水。他们只是由于同样的动机，让自己的庄稼长大，毁坏别人的庄稼，以便自己的东西可以卖到更高的价格。也许是由于贪心，也许是由于恶意，有些土地被淹没了，有些土地却干裂了，一半水泉被浪费掉了。在这样的国家里，虽然少数人用暴力或阴谋享受到奢侈的生活，但大多数群众的命运必然贫困，而那些弱小者和愚昧者却陷入极端的困苦,终年饥饿。

只要饥荒遍地的国家能把忽视了的职责担当起来,为了公共利益把这条与人民生命攸关的水泉管理起来,大地上就会像一个花园那样百花盛开,谁也不再会缺少任何美好的东西了。我描述了在这样的情况下,所有的人都会身体健康,精神开朗,道德高尚。我热情地谈到那个富裕、公道而又充满友爱互助精神的新社会,固然,我只梦见过这个社会,但也不难使它真正实现。我本来期望,四周这些人的脸上这时一定会露出像我那么激动的神色,可是他们的脸色甚至变得更阴沉、更恼火、更傲慢了。这些人毫无热情,女士们只露出了厌恶和惧怕的表情,而男人们却用斥责和轻蔑的喊声,打断了我的话。"疯子!""讨厌的家伙!""狂热病!""社会公敌!"他们有些人这样喊着。刚才戴起眼镜看我的那一位喊道,"他说我们不会再有穷人啦。嗨嗨!"

"把这家伙赶出去!"我未婚妻的父亲喊道。他这一喊,那些人便推开椅子站了起来,向我扑来。

当我发现自己认为是那么清楚而又十分重要的事情,在他们眼中却显得毫无意义,而我又无力使之改变,我几乎心痛欲裂。我的心是那么炽热,我原以为它的热力可以融解冰山,结果却发觉自己的身体被这不可抗拒的严寒包围住了。当他们推拥着我的时候,我对他们的感情不是仇恨,而只是怜悯这些人和这个社会而已。

虽然我已经感到绝望,我还不能就此罢休。我仍旧和他们斗争着。我的眼泪夺眶而出。我情绪激动,几乎说不出话来。我呼吸急促,我哭泣,我呻吟,随即发现自己直挺挺地坐在利特医生家里的床上，早晨的阳光从敞开着的窗子照射进来，耀人眼目。我气喘吁吁，眼泪从脸上直流下来，浑身发抖。

我发觉，我重新回到十九世纪只是一场梦，而此刻处身于二十世纪却是事实。这种感觉，恰如一个越狱的囚犯梦见自己重又被捕，被带回到那黑暗污秽的地牢里去，但睁开眼睛时，却看到头上是青天。

我刚才在幻境中曾亲眼见到并能用我前生的经历来证实的那些悲惨景象——唉！虽然它们一度确实存在，而且必然永远会使那些慈善心肠的人们在回顾之余流下泪来，——现在，感谢上帝，已经一去不复返了。压迫者和被压迫者，预言者和嘲笑者，都早已不在人间了。多少世代以来，穷和富的字眼已被人们遗忘了。

但是就在此刻，正当我怀着无法形容的感激心情，沉思世界获得挽救的伟大意义以及我能够荣幸地亲眼目睹这些事实的时候，我突然感到羞愧、悔恨和无可名状的自疚心情产生的一阵苦痛，使我心如刀割，低下头来，恨不得能和我那些同时代人一起钻入坟墓，不见太阳，因为我原是属于前一时代的人啊。对于现在我所欢庆的这个社会的来临，我曾有过什么贡献呢？我曾在那些冷酷的、残忍的日子里生活过，可是对于结束那种日子，我究竟出过什么力量呢？我完全和我同时代的人一样，对于自己同胞的悲惨境况漠不关心，对于美好的事物怀疑嘲笑，是一个冥顽不灵的、崇拜混沌世界和黑暗时代的人。就个人影响而论，我对于当时即将来临的人类解放，是阻碍多于赞助。对于这种应该使我受到谴责的解放，我有什么权利欢呼呢？当这个时代的曙光出现时，我曾加以嘲笑，现在又有什么权利高兴呢?

“你最好还是,最好还是,”有一个声音在我内心喊道,“把这场噩梦当作真的,把这个美丽的现实作为梦境。对你来说,与其在这里喝着别人掘出来的井水,把种树人用石头砸死以后吃着他树上的果实,那还不如去向嘲笑你的那一代,替被钉在十字架上的人类进行辩护更好一些。”我的灵魂回答道,“真的,那样更好一些。”

我终于把低垂的头抬了起来。当我向窗外望去,像清晨那样清新的伊蒂丝已经在花园里,正在采摘花朵。我赶忙下床朝她走去。我跪在她的面前,把脸伏在地上,流泪忏悔:我是多么不配呼吸这个黄金时代的空气,更是多么不配在胸前佩戴这一世纪最美的花朵啊。像我这样一个无可救药的人,终于找到了这样一位慈悲的审判者,那该是多么幸运啊!

后　　记

世界进步的速度

致《波士顿纪事报》编辑：1888 年 3 月 30 日的纪事报刊登了一篇有关《回顾》的评论，为了答复这篇文章，请允许我说几句话。《回顾》一书是专门叙述想象中二十世纪美国人民所享受的各种崭新的社会方面和生产方面的制度与措施的。该评论者对于这些叙述并不反对；认为只要给人类以足够的时间，让它从现代混乱的社会状态向前发展，那么所描绘的这种人类幸福和道德进步的境地，未必就是高不可攀的。《回顾》一书在这方面既未给以充分时间，因而该书作者已经犯了一种荒谬的错误，严重地贬低了该书作为一本现实主义幻想作品的价值。他认为，要实现这种理想的社会形态，短短的五十年是不够的，建议作者应该把时间改为七十五个世纪。七十五个世纪和五十年之间，当然有着很大的距离，因此，如果该评论者对于人类进化可能达到的速度所作的估计是正确的话，世界的前途无疑会令人感到沮丧。但是他的见解究竟对不对呢？我认为是不对的。

虽然《回顾》一书在形式上是一本幻想的传奇小说，但作者却企图以完全严肃的态度，根据进化的原则，对人类的、特别是对这个国家中的生产发展和社会发展的下一个阶段作出预测。作者在

本书中委婉地预示了新世纪的曙光已在眼前，阳光即将普照大地；而且相信这个预言比其他预言更容易实现。由于假定发生的变化是如此巨大，人们乍听之下是否会难以置信呢？伟大的全国性的变革尽管在不知不觉中逐代酝酿，但等到一旦发生，必然具有与其规模相适应的并不受其限制的那种迅速而又不可抗拒的力量，历史的教训除此以外还有什么呢？

1759年，当魁北克陷落时，英国在美洲的力量仿佛势不可当，而且殖民地的统治也得到了保证。可是，三十年后，美利坚合众国的第一届总统就职了。1849年，诺瓦腊城陷落后，意大利的前途就像中世纪以来的任何时期一样，显得毫无希望；但为时不过十五年，维克托·伊曼纽尔就做了意大利联合王国的国王。1864年间，德国千年梦想的统一，显然像过去一样遥遥无期。但在七年以后，这个梦想却成为现实，威廉在凡尔赛宫登上了巴尔巴罗萨王位。1832年，几个所谓梦想家在波士顿成立了最初的反奴隶制协会，三十八年以后，在1870年，这个协会被解散了，因为它的计划已经完全实现。

当然，这些先例并不能证明《回顾》一书所叙述的任何类似的生产和社会方面的变化即将到来；但是也确实表明，当道德和经济方面的条件成熟，这种变化就可能飞跃发展。当时机一旦到来，没有哪一个舞台会像这个伟大的历史舞台那样，台上的一切景象像魔术般地迅速改变。所以，问题不在于必须进行如何广泛的换景，使这个舞台能适应新的友爱的文明世界，而在于是否出现了任何特殊的征兆，预示着社会变化即将到来。自从远古以来，促使这种变化逐渐接近的工作，早就已经在进行了。时代潮流导向某种社会形式的最终实现，这种社会，既能比以往更有效地促使物质繁荣，同时也必然保全而不是摧残人类的道德本能。自从人类开始有文明以来，每一声贫困的叹息，每一滴同情之泪，每一回人道主义的激动，每一种慷慨的热情，每一种真诚的宗教感，每一次不论为何种目的而更紧密地团结起来的人们相互慰藉的行动——所有这些，都加强了这股时代潮流。这种力量像一条源远流长的河流一样，一直广泛而又深刻地扩展着它的影响，最后将会把它长久以来所冲击的障碍一扫而光，这至少足以说明目前人们由于对现代的社会安排不满而产生的那种普遍的激情。不仅全世界劳动者都参加了某种类似世界性的起义，而且，各阶级的真诚而又富于同情心的男男女女也都怀着近于完全叛逆的激愤情绪，反对这样的社会条件：把生活贬低为一种求生的残酷斗争，蹂躏了各种道德和宗教的准则，并使博爱主义的活动几乎流于空谈。

正如一座从冰天雪地的北极漂来的冰山，逐渐被温暖的海洋所溶化，终于变得动摇不定，以预示着本身消灭的剧烈的动荡冲击着大海，使之咆哮翻腾，野蛮的生产制度和社会的情形亦复如此。这种制度从野蛮的上古时代一直沿传下来，受到了现代人道主义的长期谴责，被经济学批判得体无完肤，正以预示本身死亡的强烈震动摇撼着世界。

凡是具有远见的人都会同意，现在的社会景象正是巨大变革的征兆。问题只是在于变好还是变坏。那些相信人性本善的人们，倾向于前一看法；那些相信人性本恶的人们则抱着后一种看法。就我来说，我却赞成前一种意见。我写《回顾》一书持有这样的信念：黄金时代不是已经过去，而是在我们前头，并且也不遥远了。我们的孩子们无疑将会亲眼看见；而我们这些已经成年的男女，如果能以我们的信念和工作来作保证，也是可以看到的。

爱德华·贝拉米

图书在版编目(CIP)数据

回顾:公元2000—1887年/(美)爱德华·贝拉米著;林天斗,张自谋译.—北京:商务印书馆,2017
(汉译世界学术名著丛书:120年纪念版:珍藏本)
ISBN 978-7-100-14386-8

Ⅰ.①回… Ⅱ.①爱… ②林…③张… Ⅲ.①长篇小说—美国—近代 Ⅳ.①I712.44

中国版本图书馆CIP数据核字(2017)第152141号

汉译世界学术名著丛书
(120年纪念版·珍藏本)
回　顾
——公元2000—1887年
〔美〕爱德华·贝拉米 著
林天斗　张自谋 译

商 务 印 书 馆 出 版
(北京王府井大街36号 邮政编码100710)
商 务 印 书 馆 发 行
北京新华印刷有限公司印刷
ISBN 978-7-100-14386-8

2017年12月第1版　　开本710×1000 1/16
2017年12月北京第1次印刷　　印张16
定价:82.00元